●東京都ほか地方上級 ●国税専門官 ●裁判所 ●国家総合職等

公務員試験
専門記述式
憲法 答案完成ゼミ

実務教育出版

本書の構成と使い方

問題の番号
第1問~25問…基本的人権
第26問~45問…統治機構

問題文
実際に出題された過去問とオリジナル問題の構成。
答案例は3ページ後に掲載している。

必須キーワード&フレーズ
答案の完成に必須のキーワードと言い回し。まずは頭に入れよう。

考え方
本問の答案を完成させる際の指針にしよう。

答案構成
答案に書くべきことの項目と論理関係を簡潔にまとめている。答案の設計図であり、最も重要なのでしっかりとマスターしよう。

判例
答案の完成に必要な判例を掲載している。判例の要旨や言い回しをチェックしておこう。

第1問 人権の享有主体
頻出度 A 難易度 ★

憲法は、その第3章において、国民の権利及び義務について規定しているが、①我が国に在留する外国人及び②内国法人それぞれについて人権の保障とその限界について論ぜよ。【平成9年度・国税専門官】

必読 キーワード&フレーズ
権利の性質上適用可能な人権規定は保障される　前国家的性格
権利の性質　参政権　社会権　政治活動の自由　人身の自由　生存権　政治的行為の自由

考え方
本問で問題となるのは、次の4点！
①外国人の人権の保障
②外国人の人権の限界
③法人の人権の保障
④法人の人権の限界
　外国人と法人の人権の論点について、判例・通説が、権利の性質によるとする性質説をとっているので、①②と③④のそれぞれの内容を並行的に記述していけばよい。その性質から、まず保障されない人権、次に保障されるが限界がある人権、という順番に。

答案構成
1　外国人の人権の保障
　性質説
　↓
2　外国人の人権の限界
・保障されない人権（参政権、社会権）
・保障されるが限界がある人権（政治活動の自由）

2　ア―性質　イ―在留　ウ―政治
　マクリーン事件の判旨である。
3　法人が現代社会において重要な活動を行っていることから、権利の**性質**上適用可能な人権規定は保障される。

保障されない人権の例	一定の人身の自由、生存権
限界がある人権の例	政治的行為の自由

判例

マクリーン事件（最大判昭53・10・4）
憲法第3章の基本的人権の保障は、権利の**性質**上日本国民のみをその対象としているものを除き、わが国に在留する外国人に対しても等しく及び、**政治活動の自由**についても、わが国の政治的意思決定又はその実施に影響を及ぼす活動等外国人の地位にかんがみこれを認めることが相当でないものを除き、その保障が及ぶ。

八幡製鉄事件（最大判45・6・24）
憲法第3章に定める国民の権利は、**性質**上可能なかぎり、内国の法人にも適用されるから、会社は、自然人たる国民と同様、国や政党の特定の政策を支持、推進または反対するなどの**政治的行為をなす自由**を有する。政治資金の寄附もまさにその自由の一環であり、会社によってそれがなされた場合、これを自然人たる国民による寄附と別異に扱うべき憲法上の要請はない。

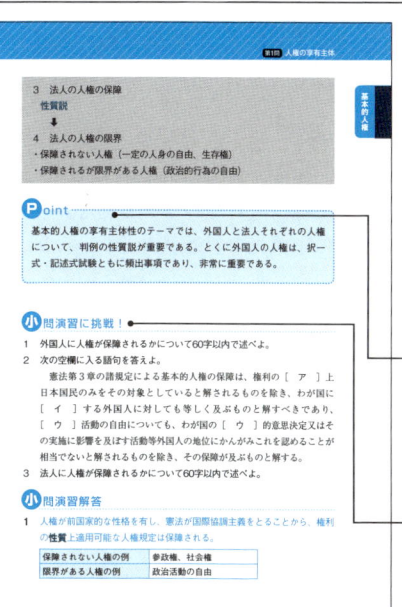

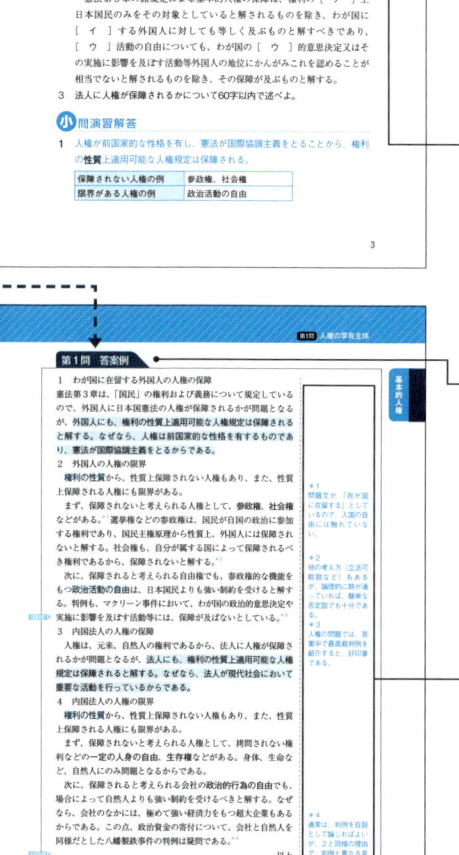

頻出度と難易度

頻出度
- Ⓐ 絶対に押さえたい問題
- Ⓑ できれば押さえたい問題
- Ⓒ 余力があれば押さえたい問題

難易度
- ★☆☆ 易しい
- ★★☆ 標準レベル
- ★★★ 難問

Point

本問の周辺知識を含めたポイント。学習の指針にしよう。

小問演習

いきなり答案を書けなくても小問演習で簡単な論点を書けるようにしていこう。小問演習は穴埋め問題も含めて実際にペンを動かして書いてみることが大切だ。

答案例

1,000字を目安にした答案になっている。答案例は丸暗記するのではなく、重要な論点、全体の流れを押さえよう!

　　　　…最重要の論証
＿＿＿…重要なフレーズ
太字…最重要キーワード
太字…キーワード

答案例の欄外

答案を完成させるための具体的なアドバイスがつまっている。

専門記述式試験とは？

1 専門記述式試験が課される試験の種類
出題形式はさまざま！

　専門記述式試験は、択一式の試験では測ることが困難な、その科目についての受験者の理解力や応用力などを試すために実施される。

　もっとも、専門記述式試験が課される試験は限られており、また、受験先によって科目、出題の形式（事例問題なのか一行問題なのか）、傾向、試験時間などが異なる。なお、詳細については「受験ジャーナル」（実務教育出版）や『専門記述式試験の攻略ポイント』（実務教育出版）を参照して自分の志望先の試験情報を入手してほしい。

2 専門記述式試験の特徴
配点も難易度も高い。しかし、条件はみんな同じ！

　専門記述式試験では、問題文で問われている内容を把握し、論ずる順番を考えて、正確な知識に基づいて、論理的に、しかも制限時間内に書くことが要求される。実際に志望先の過去問を制限時間内に書いてみれば実感できるであろうが、これらの要求をすべてみたす答案を書くレベルに到達するには、極めて高度の学力と相当の練習が必要だ。択一式の対策よりも10倍の時間と労力が必要だといっても過言ではない。このため専門記述式試験では得点差もつきやすい。しかも、**専門記述式試験の配点は高い**のが通常である。

　しかしだからといって、公務員試験の受験生は、専門記述式試験の対策のみに集中できるわけではない。それゆえ、受験生の大半がまともに答案を書いた経験を持たず、せいぜい大学の定期試験で答案を書いたことがある程度である。このため、答案のレベルは全般的に相当低いといわれている。

3 専門記述式試験の対策
「薄く広く」をめざそう！　択一式の勉強とリンクさせよう！

　専門記述式試験の対策は、予想されるすべてのテーマについて実際に1問ずつ答案を作成し、添削を受けて、書き直すといった練習を行うのが理想ではあるが、現実的には時間の確保は困難である。また、②に挙げた試験の特徴から考えても、まずは限られた学習時間で本番において最低限の答案を書けるレベルをめざして、薄く広い準備を早い段階から行うべきである。具体的には、出題が予想されるテーマごとの答案構成の作成を目標に、関連する制度や条文の趣旨、主要な論点における判例・通説の立場を実際に書いて、整理していく方法をお勧めする。そして、この方法を実践する際には**本書が役立つ**。本書に掲載された45問について、キーワードを頭に入れ、**答案構成を確認**し、**小問演習**で答案の中心となる部分を実際に書く練習を行えば、この範囲の試験対策となるのはもちろん、本書に掲載されていない他のテーマについても学習のコツをつかむことができる。これにより、専門記述式試験の結果が致命傷となって不合格となることを避けられるし、準備したテーマが出題されれば他の受験生に大きな差をつけることも可能である。さらに、この方法で

あれば択一式の試験対策と並行して行うことも可能であり、知識の整理ができて理解も深まり有効である。特に多くの人が苦手とする択一式の論理問題にも強くなれる。

なお、本書の「**答案例**」は、資料を参照しながら時間無制限で作成したものであるから、このレベルの答案を書かなければ不合格になるというわけでは決してない。一行問題については同様の問題が出題されることがあるため確実に押さえよう。また、事例問題については他の問題でも出題されそうな重要な論点などは押さえておき、全体の流れや、解答する際の視点などの分析に活用するとよいであろう。

❹ 実際にどう書く？（試験時間60分の場合の目安）
知ってるだけで差がつく！

1．まず問題文をよく読み、何が問われているかを把握する。（5分程度）
問題と関係のない事項については、いかに充実した記述があっても点は与えられない。

2．必ず答案構成をする。（15〜20分程度）
答案構成とは、答案の設計図であり、実際に答案を書き始める前に、答案に書く項目（意義、趣旨、論点など）についての順番や分量を、論理関係や全体のバランスに配慮しながら、問題文の余白等に簡潔に書き出す作業である。答案構成を行う理由は、答案の内容を採点者に伝えるためには、答案が全体を通じて論理的に書かれている必要があり、そのためには、答案を書き始める前に、答案全体の構成を十分に練っておくことが、論理性が強く要求される法律の答案では特に重要だからである。答案構成を行う際には、接続詞などを適切に使用して文章全体の流れを作ることに留意する必要がある。また、答案全体を読みやすくするために、段落ごとのナンバリングを行うべきである。さらに、記述する項目が複数あれば「見出し」を設けてもよい。

3．実際に答案を書く。（30〜35分程度）
答案の内容面については、答案構成に従って答案を書き上げていく。事例式問題の答案で論点について書く場合には、「⑴問題提起→⑵自説→⑶あてはめ」の順番で記述する必要がある。「問題提起」とは、事例から法的な問題点を抽出して法律の解釈へと導くことである。その際に、条文をできるだけ具体的に指摘する必要がある。「自説」とは、教養論文のように独自の見解や提案等を述べることはほとんどなく、正しいと考える判例や学説の立場や法的な推論を述べなければならない。主要な判例があれば言及する必要がある。「あてはめ」とは、自説の立場から問題文の事例がどうなるかの結論を書くことである。

答案の形式面についてはまず、文字数の目安は、各試験の問題や解答時間によっても異なるが、本書では1,000字を目安に答案を作成しており、解答時間は60分から80分の試験での答案のイメージである。なお、字数を埋めたい場合でも、法律論でウソを書くことは厳禁である。次に、書き方は、特に法律用語の誤字は答案の印象を悪くするので要注意。文体は、常体（だ・である）を使う。また、答案の最後には解答の完了を明示するために「以上」と書こう。書き終えたら全体を見直す時間が5分程度あるのが理想的な時間配分である。

専門記述式憲法の傾向と対策

1 記述式憲法の出題傾向

頻出テーマからの出題が多い！

　記述式憲法の出題形式は、いわゆる一行問題の出題が多い。もっとも、国家総合職（旧国家Ⅰ種）や近時の国税専門官、一部の地方上級では事例式の問題が出題されている。次に、憲法の出題分野は、択一式試験と同様に、基本的人権と統治から出題されるが、基本的人権からの出題がやや多くなっている。そして、出題テーマについては、憲法は条文数が少なく他の法律科目に比べて範囲が狭いことなどから、頻出テーマからの出題が多い。本書の45問は、憲法全般の論点にわたって、頻出テーマ・重要テーマからの出題になっている。

2 記述式憲法の対策

　全体を通じて、憲法は条文数が少ないこともあり、できるだけ条文の番号や文言を正確に答案に示せるとよい。また、判例についても、関連する代表的なものについては事件名とともに指摘できるようにしよう。答案にスペースがあれば、全体のバランスを失しない程度に簡単な事案とともに裁判所の立場を説明できると加点が期待できる。

　以下では、記述式憲法の対策を出題パターンに応じて述べる。本書の各問題における具体的な答案構成や答案例と対照して参考にしてほしい。

1．一行問題

　憲法の一行問題は、人権・統治を問わず、出題されるテーマはほぼ限られている。そこで、まずは各予想テーマについての答案構成を準備しておこう。そして、問題文を見てその答案構成を再現できるかの練習を繰り返すのと並行して、答案構成に挙げた項目のうち重要な部分については、その内容をわかりやすく記述できるか、実際に書いて練習をしてみよう。

　答案に盛り込む項目は、その一行問題におけるテーマの(1)定義・意義・趣旨、(2)憲法上の現れとして条文や制度等の指摘、(3)主要な論点があればその解説、(4)主要な判例があればその指摘などである。この際、(2)で制度等を指摘する場合は(1)に挙げた趣旨と関連づけながら論じたり、また、全体的に具体例を多用することで抽象的な一行問題を具体的に論ずることができると高い評価が期待できる。

　重要なテーマのほとんどについては、本書で網羅しているのでこれらのことを意識して答案の完成をめざそう。

2．人権分野の事例問題

　人権分野の事例式問題では、おおむね次のようなパターンに従って答案を書く。よって、このパターンで答案構成を準備し、慣れておく必要がある。

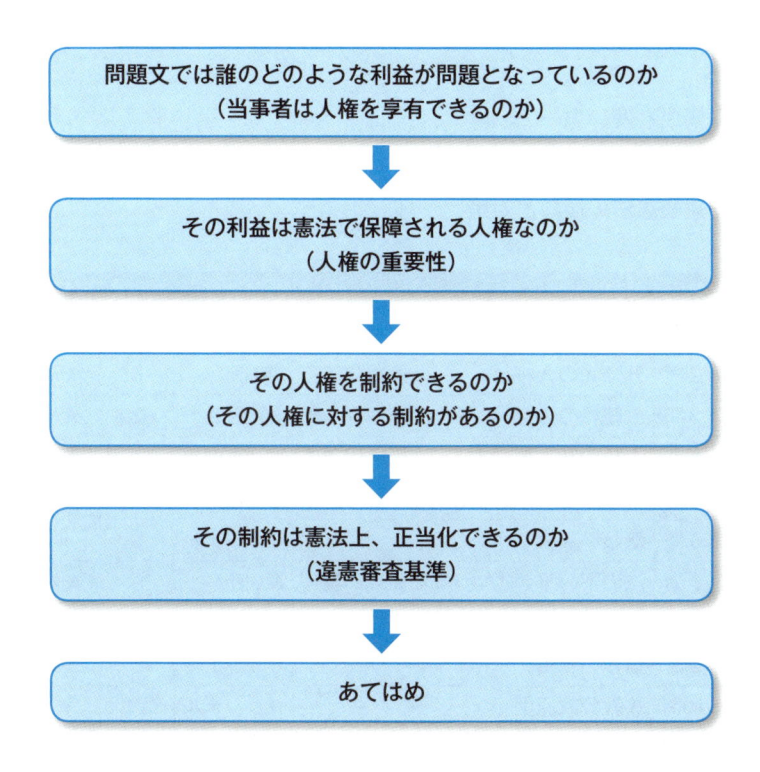

```
┌─────────────────────────────────────┐
│ 問題文では誰のどのような利益が問題となっているのか │
│     （当事者は人権を享有できるのか）          │
└─────────────────────────────────────┘
                    ↓
┌─────────────────────────────────────┐
│   その利益は憲法で保障される人権なのか        │
│          （人権の重要性）                │
└─────────────────────────────────────┘
                    ↓
┌─────────────────────────────────────┐
│       その人権を制約できるのか             │
│    （その人権に対する制約があるのか）         │
└─────────────────────────────────────┘
                    ↓
┌─────────────────────────────────────┐
│     その制約は憲法上、正当化できるのか        │
│          （違憲審査基準）                │
└─────────────────────────────────────┘
                    ↓
┌─────────────────────────────────────┐
│              あてはめ                  │
└─────────────────────────────────────┘
```

3．統治分野の事例問題

　統治分野の事例問題では、他の科目の事例問題と同様に、問題文をよく読み込んで、触れるべきと考えられる論点について「**問題提起→自説→あてはめ**」の順で論述を進めていけばよい。また、自説については、制度や条文の趣旨・原則から結論を導けるようにすると、憲法の深い理解を示すことができる。さらに、統治分野の事例問題においては、条文や制度の形式的な理由だけではなく、統治機構に関する実際の動向や社会背景などを踏まえた実質的な理由も挙げる必要がある。

専門記述式 憲法 答案完成ゼミ 目次

本書の構成と使い方 …… ii
専門記述式試験とは …… iv
専門記述式憲法の傾向と対策 …… vi

	問題	内容	出題年度	試験名等	頻出度	難易度	頁
基本的人権	第1問	人権の享有主体	平成9年度	国税専門官	A	★	2
	第2問	外国人の人権	平成19年度	裁判所	B	★★	6
	第3問	公務員の人権	平成17年度	参議院	C	★★	10
	第4問	人権の私人間効力	平成14年度	国税専門官	A	★★	14
	第5問	幸福追求権	平成13年度	香川県	B	★	18
	第6問	新しい人権	—	オリジナル	C	★	22
	第7問	法の下の平等①	平成21年度	裁判所	A	★★	26
	第8問	法の下の平等②	—	オリジナル	C	★★★	30
	第9問	信教の自由	—	オリジナル	C	★★	34
	第10問	政教分離原則	—	オリジナル	A	★	38
	第11問	学問の自由	平成17年度	参議院	C	★	42
	第12問	表現の自由	平成22年度	東京都	A	★★	46
	第13問	報道の自由	—	オリジナル	A	★★	50
	第14問	検閲の禁止	—	オリジナル	A	★★★	54
	第15問	集会の自由	平成23年度	国税専門官	B	★★★	58
	第16問	営業の自由	平成20年度	岩手県	A	★★★	62
	第17問	財産権①	平成20年度	東京都	B	★	66
	第18問	財産権②	平成17年度	国家Ⅰ種	B	★★★	70
	第19問	法定手続の保障	平成16年度	国税専門官	A	★★	74
	第20問	罪刑法定主義	平成19年度	国家Ⅰ種	B	★★★	78
	第21問	被疑者などの権利	—	オリジナル	C	★★	82
	第22問	選挙権①	—	オリジナル	B	★★	86
	第23問	選挙権②	—	オリジナル	C	★★★	90
	第24問	生存権	平成23年度	東京都	A	★★	94
	第25問	教育を受ける権利	平成11年度	国税専門官	A	★★	98

問題	内容	出題年度	試験名等	頻出度	難易度	頁
第26問	唯一の立法機関	平成8年度	裁判所	A	★	102
第27問	委任立法	平成15年度	国税専門官	B	★	106
第28問	自由委任の原則	平成15年度	国家Ⅰ種	C	★★★	110
第29問	免責特権	平成19年度	北九州市	A	★★	114
第30問	衆議院の優越	平成20年度	裁判所	B	★	118
第31問	国政調査権	平成17年度	国税専門官	A	★★	122
第32問	衆議院の解散	平成16年度	国家Ⅰ種	B	★★★	126
第33問	独立行政委員会	平成10年度	国税専門官	C	★★	130
第34問	内閣の権能	平成18年度	国家Ⅰ種	C	★★★	134
第35問	参議院の問責決議	平成21年度	国家Ⅰ種	C	★★★	138
第36問	司法権の範囲と限界	平成9年度	裁判所	A	★	142
第37問	統治行為論	平成13年度	北九州市	C	★★★	146
第38問	司法権の独立	平成19年度	東京都	A	★	150
第39問	違憲審査制	平成21年度	東京都	A	★	154
第40問	違憲判決の効力	平成6年度	裁判所	B	★★	158
第41問	裁判の公開	平成22年度	裁判所	B	★	162
第42問	予算	平成18年度	東京都	B	★★	166
第43問	地方自治	平成21年度	国税専門官	B	★★	170
第44問	条例制定権	平成18年度	裁判所	A	★	174
第45問	憲法改正	平成12年度	国税専門官	B	★★	178

統治機構

判例索引 …… 182

●試験名の表記について

国家Ⅰ種…国家公務員採用Ⅰ種試験（新試験の国家公務員採用総合職試験に相当）
国税専門官…国税専門官採用試験（新試験の国家公務員採用専門職試験のうち国税専門官採用試験に相当）
裁判所…裁判所事務官採用Ⅰ・Ⅱ種試験（新試験の裁判所職員採用総合職試験、裁判所職員採用一般職試験［大卒程度試験］に相当）
参議院…参議院事務局職員採用Ⅰ・Ⅱ種試験（新試験の参議院事務局職員採用総合職試験に相当）
北海道…北海道職員採用上級試験
岩手県…岩手県職員採用Ⅰ種試験
東京都…東京都Ⅰ類B採用試験
香川県…香川県職員採用試験［大学卒業程度］
北九州市…北九州市職員［上級］採用試験

●本書に収録されている「過去問」について

　平成9年度以降の国家公務員試験の問題は、人事院により公表された問題を掲載しています。地方上級の問題も自治体により公表された問題を掲載しています。それ以外の問題は、受験生から得た情報をもとに実務教育出版が独自に編集し、復元したものです。

注 記

【判例の表記について】
　（最大判昭53・10・4）とあるものは、「最高裁判所大法廷判決昭和53年10月4日」の意です。
　（最決昭60・7・19）とあるものは、「最高裁判所決定昭和60年7月19日」の意です。
　なお、判旨の表記は、読みやすさを考慮して、口語化・簡略化を行っている部分があるので、原文とは異なる場合があります。

【法律名称の表記について】
　（13条）、（15条1項）などと、カッコ内に法律の名称がなく、条文番号のみが表記されている場合は、すべて憲法の条文です。

公務員試験　専門記述式　憲法　答案完成ゼミ

憲法

- 基本的人権……第 1 問～第25問
- 統治機構……第26問～第45問

第1問 人権の享有主体

頻出度 A　難易度 ★★★

憲法は、その第3章において、国民の権利及び義務について規定しているが、①我が国に在留する外国人及び②内国法人それぞれについて人権の保障とその限界について論ぜよ。【平成9年度・国税専門官】

必須キーワード&フレーズ

権利の性質上適用可能な人権規定は保障される　前国家的性格
権利の性質　参政権　社会権　**政治活動の自由**　人身の自由　生存権　**政治的行為の自由**

考え方

本問で問題となるのは、次の4点！
① 外国人の人権の保障
② 外国人の人権の限界
③ 法人の人権の保障
④ 法人の人権の限界

　外国人と法人の人権の論点について、判例・通説が、権利の性質によるとする性質説をとっているので、①②と③④のそれぞれの内容を並行的に記述していけばよい。その性質から、まず保障されない人権、次に保障されるが限界がある人権、という順番に。

答案構成

1　外国人の人権の保障
　性質説
　　↓
2　外国人の人権の限界
・保障されない人権（参政権、社会権）
・保障されるが限界がある人権（政治活動の自由）

> 3 法人の人権の保障
> **性質説**
> ↓
> 4 法人の人権の限界
> ・保障されない人権（一定の人身の自由、生存権）
> ・保障されるが限界がある人権（政治的行為の自由）

Point

基本的人権の享有主体性のテーマでは、外国人と法人それぞれの人権について、判例の性質説が重要である。とくに外国人の人権は、択一式・記述式試験ともに頻出事項であり、非常に重要である。

小問演習に挑戦！

1 外国人に人権が保障されるかについて60字以内で述べよ。
2 次の空欄に入る語句を答えよ。

　　憲法第3章の諸規定による基本的人権の保障は、権利の［　ア　］上日本国民のみをその対象としていると解されるものを除き、わが国に［　イ　］する外国人に対しても等しく及ぶものと解すべきであり、［　ウ　］活動の自由についても、わが国の［　ウ　］的意思決定又はその実施に影響を及ぼす活動等外国人の地位にかんがみこれを認めることが相当でないと解されるものを除き、その保障が及ぶものと解する。
3 法人に人権が保障されるかについて60字以内で述べよ。

小問演習解答

1 人権が前国家的な性格を有し、憲法が国際協調主義をとることから、権利の**性質**上適用可能な人権規定は保障される。

保障されない人権の例	参政権、社会権
限界がある人権の例	政治活動の自由

2 ア―性質　イ―在留　ウ―政治
マクリーン事件の判旨である。

3 法人が現代社会において重要な活動を行っていることから、権利の**性質**上適用可能な人権規定は保障される。

保障されない人権の例	一定の人身の自由、生存権
限界がある人権の例	政治的行為の自由

判例

マクリーン事件（最大判昭53・10・4）

憲法第3章の基本的人権の保障は、権利の**性質**上日本国民のみをその対象としているものを除き、わが国に在留する外国人に対しても等しく及び、**政治活動の自由**についても、わが国の政治的意思決定又はその実施に影響を及ぼす活動等外国人の地位にかんがみこれを認めることが相当でないものを除き、その保障が及ぶ。

八幡製鉄事件（最大判昭45・6・24）

憲法第3章に定める国民の権利は、**性質**上可能なかぎり、内国の法人にも適用されるから、会社は、自然人たる国民と同様、国や政党の特定の政策を支持、推進しまたは反対するなどの**政治的行為をなす自由**を有する。政治資金の寄附もまさにその自由の一環であり、会社によってそれがなされた場合、これを自然人たる国民による寄附と別異に扱うべき憲法上の要請はない。

第1問 答案例

1　わが国に在留する外国人の人権の保障

　憲法第3章は、「国民」の権利および義務について規定しているので、外国人に日本国憲法の人権が保障されるかが問題となるが、外国人にも、権利の性質上適用可能な人権規定は保障されると解する。なぜなら、人権は前国家的な性格を有するものであり、憲法が国際協調主義をとるからである。

2　外国人の人権の限界

　権利の性質から、性質上保障されない人権もあり、また、性質上保障される人権にも限界がある。

　まず、保障されないと考えられる人権として、参政権、社会権などがある。[*1] 選挙権などの参政権は、国民が自国の政治に参加する権利であり、国民主権原理から性質上、外国人には保障されないと解する。社会権も、自分が属する国によって保障されるべき権利であるから、保障されないと解する。[*2]

　次に、保障されると考えられる自由権でも、参政権的な機能をもつ政治活動の自由は、日本国民よりも強い制約を受けると解する。判例も、マクリーン事件において、わが国の政治的意思決定や実施に影響を及ぼす活動等には、保障が及ばないとしている。[*3]

3　内国法人の人権の保障

　人権は、元来、自然人の権利であるから、法人に人権が保障されるかが問題となるが、法人にも、権利の性質上適用可能な人権規定は保障されると解する。なぜなら、法人が現代社会において重要な活動を行っているからである。

4　内国法人の人権の限界

　権利の性質から、性質上保障されない人権もあり、また、性質上保障される人権にも限界がある。

　まず、保障されないと考えられる人権として、拷問されない権利などの一定の人身の自由、生存権などがある。身体、生命など、自然人にのみ問題となるからである。

　次に、保障されると考えられる会社の政治的行為の自由でも、場合によって自然人よりも強い制約を受けるべきと解する。なぜなら、会社のなかには、極めて強い経済力をもつ超大企業もあるからである。この点、政治資金の寄付について、会社と自然人を同様だとした八幡製鉄事件の判例は疑問である。[*4]

以上

[*1] 問題文が、「我が国に在留する」としているので、入国の自由には触れていない。

[*2] 他の考え方（立法可能説など）もあるが、論理的に筋が通っていれば、簡単な否定説でも十分である。

[*3] 人権の問題では、答案中で最高裁判例を紹介すると、好印象である。

[*4] 通常は、判例を自説として論じればよいが、*2と同様の理由で、判例と異なる見解でもOK。

第2問 外国人の人権

頻出度 B　難易度 ★★

外国人の人権享有主体性について簡単に説明した上、外国人の参政権について論ぜよ。
【平成19年度・裁判所】

必須キーワード&フレーズ

権利の性質上適用可能な人権規定は保障される　権利の性質　国政選挙権　地方選挙権　法律によって地方選挙権を付与　公務就任権　公権力行使等地方公務員　政治活動の自由

考え方

本問で問題となるのは、次の4点！
①外国人の人権享有主体性
②国政選挙権
③地方選挙権
④その他（公務就任権など）

まず、簡単に人権享有主体性について説明する。次に、最も問題となる選挙権について、国政、地方政治の順番に論じていく。最後に、選挙以外の参政権についても触れる。

答案構成

1　外国人の人権享有主体性
　性質説
2　国政選挙権
　否定説
3　地方選挙権
　立法可能説
　　↓さらに
4　その他（公務就任権、政治活動の自由）

第2問 外国人の人権

Point

外国人の参政権については、国政と地方の選挙権、公務就任権、政治活動の自由などがその内容となる。とくに、定住外国人の地方選挙権の問題は、現実の社会でも時事的な話題であり、試験にもよく出る内容である。

小問演習に挑戦！

1 外国人に国政の選挙権は保障されるかについて50字程度で述べよ。
2 次の空欄に入る語句を答えよ。

　公務員を選定罷免する権利を保障した憲法15条1項の規定は、権利の［　ア　］上日本国民のみをその対象とし、我が国に在留する外国人には及ばないものと解する。

　憲法93条2項は、我が国に在留する外国人に対して地方公共団体における選挙の権利を保障したものとはいえないが、我が国に在留する外国人のうちでも永住者等であってその居住する区域の地方公共団体と特段に緊密な関係を持つに至ったと認められるものについて、［　イ　］をもって、地方公共団体の長、その議会の議員等に対する選挙権を付与する措置を講ずることは、憲法上禁止されているものではないと解する。

小問演習解答

1 国民が自国の政治に参加する権利なので、**性質**上、外国人には保障されない。
2 ア―性質　イ―法律

定住外国人の地方選挙権の判例の要旨である。

国政選挙権	保障されない
地方選挙権	法律によって、付与する措置を講ずることは憲法上禁止されていない

判例

定住外国人の地方選挙権（最判平7・2・28）

公務員を選定罷免する権利を保障した憲法15条1項の規定は、権利の性質上日本国民のみをその対象とし、我が国に在留する外国人には及ばない。

憲法93条2項にいう「住民」とは、地方公共団体の区域内に住所を有する日本国民を意味するものであり、我が国に在留する外国人に対して地方公共団体における選挙の権利を保障したものとはいえないが、永住者等であってその居住する区域の地方公共団体と特段に緊密な関係を持つに至ったと認められるものについて、**法律をもって、地方公共団体の長、その議会の議員等に対する選挙権を付与する措置を講ずることは、憲法上禁止されているものではない。**

外国人職員昇任試験拒否訴訟（最大判平17・1・26）

原則として日本の国籍を有する者が**公権力行使等地方公務員に就任**することが想定されているとみるべきであり、外国人が公権力行使等地方公務員に就任することは、本来我が国の法体系の想定するところではない。

第2問 答案例

1　外国人の人権享有主体性

　憲法第3章は、「国民」の権利および義務について規定しているので、外国人に日本国憲法の人権が保障されるかが問題となるが、外国人にも、**権利の性質上適用可能な人権規定は保障される**と解する。なぜなら、**人権は前国家的な性格を有するものであり、憲法が国際協調主義をとるからである。**[*1]

　それでは、権利の性質に照らし、外国人の参政権はどのように解されるのであろうか。

2　国政選挙権[*2]

　国政選挙権は、国民が自国の政治に参加する権利であるから、性質上、当該国の国民にのみ保障される権利であり、外国人には保障されないと解する。判例も同旨である。

3　地方選挙権

　永住者などで、その居住する区域の地方公共団体と特段に緊密な関係を持つに至ったと認められる者について、その意思を日常生活に密接な関連を有する地方公共団体の公共的事務に反映させるために、法律によって、**地方選挙権を付与する措置を講ずることは、憲法上禁止されていない**と解する。判例も、定住外国人の地方選挙権が争われた事件で、同旨である。

4　その他の参政権[*3]

　広い意味で参政権の一種と考えられる**公務就任権**については、原則として日本国籍を持つ者が公権力を行使する公務員に就任することが想定されているので、外国人には、公権力行使等公務員に就任することは、保障されないと解する。判例も、公権力行使等地方公務員に就任することは保障されないとしている。

　また、権利の性質上保障されると考えられる自由でも、参政権的な機能を持つ**政治活動の自由**は、日本国民よりも強い制約を受けると解する。判例も、わが国の政治的意思決定や実施に影響を及ぼす活動等には、保障が及ばないとしている。

以上

[*1] 問題文が、「簡単に説明」としているので、分量バランスを考え、ここまではコンパクトに書く。

[*2] まず、参政権のなかで最も重要な（国政）選挙権から書き始める。

[*3] 選挙権以外の参政権についても、忘れずに書く。

第3問 公務員の人権

頻出度 C　難易度 ★★

公務員の人権の制限に関する次の憲法上の諸論点について、判例に言及しつつ、論じなさい。
1　政治活動の自由の制限
2　労働基本権の制限

【平成17年度・参議院】

必須キーワード&フレーズ

制限は必要最小限度　国家公務員法　地方公務員法　**政治的中立性**
猿払事件　争議権　公共性　**全農林警職法事件**

考え方

本問で問題となるのは、次の3点！
①公務員の人権制限の一般論（原則論）
②政治活動の自由の制限
③労働基本権の制限

　まず、一般論として、必要最小限度の制限とする。次に、問題文に沿って、1の政治活動の自由の制限については猿払事件の判例、2の労働基本権の制限については全農林警職法事件の判例を、それぞれを紹介する。

答案構成

1　公務員の人権制限
　必要最小限度
　⬇
2　政治活動の自由の制限
　政治的中立性から、必要最小限度
　　判例：**猿払事件**
　⬇
3　労働基本権の制限

第3問 公務員の人権

職務の公共性から、必要最小限度
　判例：**全農林警職法事件**

> **Point**
> 公務員の人権制限においては、政治活動の自由に関する猿払事件と、労働基本権に関する全農林警職法事件の２つが、必須の重要判例である。なお、労働基本権の制限は、国家公務員法などの法改正が時事的にも問題になっている。

小問演習に挑戦！

1　次の空欄に入る語句を答えよ。

　国家公務員法及び規則による公務員に対する政治的行為の禁止が合理的で必要やむをえない限度にとどまるものか否かを判断するにあたっては、①禁止の［　ア　］、②この［　ア　］と禁止される政治的行為との［　イ　］、③政治的行為を禁止することにより得られる利益と禁止することにより失われる利益との［　ウ　］の３点から検討することが必要である。

2　次の空欄に入る語句を答えよ。

　公務員の地位の特殊性と職務の［　ア　］にかんがみるときは、これを根拠として公務員の［　イ　］に対し必要やむをえない限度の制限を加えることは、十分合理的な理由があるというべきである。公務員の従事する職務には［　ア　］がある一方、法律によりその主要な勤務条件が定められ、身分が保障されているほか、適切な代償措置が講じられているのであるから、国公法が公務員の争議行為およびそのあおり行為等を禁止するのは、勤労者をも含めた国民全体の共同利益の見地からするやむをえない制約というべきであって、憲法28条に違反するものではない。

小問演習解答

1　ア―目的　イ―関連性　ウ―均衡

猿払事件の判旨である。

> 判例の3基準
> ①禁止の目的
> ②目的と禁止行為の関連性
> ③利益の均衡

2 ア―公共性　イ―労働基本権

全農林警職法事件の判旨である。

判例

猿払事件（最大判昭49・11・6）
国公法による公務員に対する政治的行為の禁止が合理的で必要やむをえない限度にとどまるものか否かを判断するにあたっては、禁止の**目的**、この目的と禁止される政治的行為との**関連性**、政治的行為を禁止することにより得られる利益と禁止することにより失われる利益との**均衡**の3点から検討することが必要である。

全農林警職法事件（最大判昭48・4・25）
公務員の地位の特殊性と職務の公共性にかんがみると、これを根拠として公務員の労働基本権に対し必要やむをえない限度の制限を加えることは、十分合理的な理由がある。公務員の従事する職務には公共性がある一方、法律によりその主要な勤務条件が定められ、身分が保障されているほか、適切な代償措置が講じられているのであるから、国公法が公務員の争議行為およびそのあおり行為等を禁止するのは、勤労者を含めた国民全体の共同利益の見地からするやむをえない制約というべきで、憲法28条に違反しない。

第3問 答案例

1 公務員の人権

公務員の人権について、本問の政治活動の自由の制限と労働基本権の制限の2つが特に問題となるが、その制限の根拠は、憲法が、公務員関係の存在と自律性を同15条、73条4号など[*1]で認めていることに求められる。そして、その制限は、必要最小限度にとどめなければならないと解する。

2 政治活動の自由の制限

国家公務員法、地方公務員法などの現行法は、公務員の政治活動の自由を制限している。

行政および公務の政治的中立性が守られるために、一定の政治活動を制限することも許されるが、それは中立性確保のために、必要最小限の制限でなければならないと解する。

この点に関して判例は、郵便局員が衆議院議員選挙のポスターを公営掲示板に掲示したことが国家公務員法に違反するとされた猿払事件において[*2]、行政の中立性確保という規制目的は正当であり、その目的のために政治的行為を禁止することには合理的関連性があり、禁止によって得られる利益と失われる利益の均衡がとれているとして、刑事罰の適用を合憲とする、厳しい判示になっている。

3 労働基本権の制限

国家公務員法、地方公務員法などの現行法は、公務員の労働基本権を制限しており、例えば、一般の公務員も、争議権が否定されている。

行政および公務の公共性が守られるために、一定の労働基本権を制限することも許されるが、それは公共性確保のために、必要最小限の制限でなければならないと解する。

この点に関して判例は、争議行為を禁止し、そのあおり行為を処罰している国家公務員法が争われた全農林警職法事件において[*3]、公務員の地位の特殊性と職務の公共性を強調して、その他、公務員の勤務条件は国会で法律・予算によって定められる、整備された代償措置があるなどの理由も挙げて、同法の制限を合憲とした。猿払事件の立場と同様の厳しい判示になっている。

以上

[*1] 憲法の条文番号は、正確に覚えている場合に明記すれば十分である。

[*2] 公務員の政治活動の自由の制限では、猿払事件の判例が必要不可欠である。

[*3] 公務員の労働基本権の制限では、全農林警職法事件の判例が必要不可欠である。

第4問　人権の私人間効力

頻出度 A　難易度 ★★

憲法の基本的人権保障の規定（基本的人権の保障規定）は、公権力との関係で国民の権利・自由を保護するものであると考えられてきたが、これを私人間にも適用すべきであるとの考え方がある。

人権保障規定の私人間適用について、①その必要性が主張されるに至った背景、②この問題についての学説・判例の考え方及びその問題点について論ぜよ。

【平成14年度・国税専門官】

必須キーワード&フレーズ

社会的権力　間接適用説　直接適用説　憲法の趣旨を取り込んで間接的に私人間の行為を規律　三菱樹脂事件　日産自動車事件　純然たる事実行為　人権規定は私人間にも直接適用　私的自治の原則

考え方

本問で問題となるのは、次の3点！
①必要性が主張されるに至った背景
②間接適用説とその問題点
③直接適用説とその問題点

まず、人権保障規定の私人間適用の必要性が主張されるに至った背景について、社会的権力の登場があったことを書く。次に、間接適用説（通説・判例）の考え方と、その問題点を書き、最後に直接適用説（少数説）の考え方と、その問題点を書こう。なお、問題文から、あえて自説を論じる必要はない。

答案構成

1　必要性が主張されるに至った背景
　社会的権力による一般国民の人権侵害
　↓

2 学説・判例
　(1) **間接適用説**（通説）
　　　間接的に適用する
　　　判例：三菱樹脂事件、日産自動車事件
　　　その問題点
　(2) **直接適用説**（少数説）
　　　直接的に適用する
　　　その問題点

Point

人権の私人間効力の記述式問題では、２大学説である間接適用説（通説・判例）と直接適用説（少数説）の考え方とその問題点（批判）をしっかり書きたい。択一式試験では、間接適用説についての知識で十分である。

小問演習に挑戦！

1　間接適用説の内容を50字以内で述べよ。
2　次の空欄に入る語句を答えよ。
　　憲法19条、14条の規定は、その他の自由権的基本権の保障規定と同じく、国または公共団体の統治行動に対して個人の基本的な自由と平等を保障する目的に出たもので、もっぱら国または公共団体と個人との関係を規律するものであり、私人相互の関係を〔　　　〕規律することを予定するものではない。
3　就業規則で女性の定年年齢を男性より低く定めた場合、判例はどのように解しているか。

小問演習解答

1　私法の一般条項に、憲法の趣旨を取り込んで解釈適用することにより、**間接的**に私人間の行為を規律する。

間接適用説 (通説・判例)	直接的な私法的効力を持つ人権規定を除き、私法の一般条項に、憲法の趣旨を取り込んで解釈・適用することによって、間接的に私人間の行為を規律する
直接適用説 (少数説)	一定の人権規定は私人間にも直接適用される

2 **直接**

三菱樹脂事件の判旨の一部で、直接適用説を否定した部分である。

3 女性であることのみを理由として差別したもので、性別のみによる不合理な差別を定めたものとして、民法90条の規定により無効となる(日産自動車事件)。

判例

三菱樹脂事件(最大判昭48・12・12)

憲法19条、14条の規定は、国または公共団体の統治行動に対して個人の基本的な自由と平等を保障する目的に出たもので、もっぱら国または公共団体と個人との関係を規律するものであり、**私人相互の関係を直接規律することを予定するものではない。**

私的支配関係においては、個人の基本的な自由や平等に対する具体的な侵害またはそのおそれがあり、その態様、程度が社会的に許容しうる限度を超えるときは、場合によっては、私的自治に対する一般的制限規定である民法1条、90条や不法行為に関する諸規定等の適切な運用によって、その間の適切な調整を図る方途も存するのである。

日産自動車事件(最判昭56・3・24)

就業規則中女子の定年年齢を男子より低く定めた部分は、専ら女子であることのみを理由として差別したことに帰着するものであり、性別のみによる不合理な差別を定めたものとして**民法90条の規定により無効**である(憲法14条1項、民法2条参照)。

第4問　答案例

1　人権保障規定の私人間適用の必要性が主張されるに至った背景

　憲法の基本的人権保障の規定は、公権力との関係で国民の権利・自由を保護するものであると考えられてきた。

　ところが、資本主義の発達に伴い、社会の中に企業、経済団体、私立大学などの力をもった私的団体が登場して、このような社会的権力によって一般の国民の人権が侵害されるという事態が生じた。

　こうした問題に対して、憲法の基本的人権の保障規定を私人間にも適用すべきであるとの考え方が主張されるに至った。*1

2　この問題についての学説・判例の考え方及びその問題点

　この問題についての有力な学説・判例は、間接適用説と直接適用説の2つに大別される。

(1)　間接適用説とその問題点

　通説である間接適用説は、直接的な私法的効力をもつ人権規定を除き、私法の一般条項に、憲法の趣旨を取り込んで解釈・適用することによって、間接的に私人間の行為を規律しようとする考え方である。

　判例も、三菱樹脂事件、日産自動車事件などで間接適用説を採用している。*2 具体的には、定年年齢につき男女間で5歳も差を設けている会社の就業規則は、性別による不合理な差別であるとして、民法90条の公序良俗に違反して無効であるとしている。

　しかし、間接適用説には、純然たる事実行為*3 による人権侵害に対しては、憲法問題として救済することができないという問題点がある。

(2)　直接適用説とその問題点

　少数説の直接適用説は、一定の人権規定は私人間にも直接適用されるとする考え方である。

　しかし、直接適用説には、人権規定の直接適用を認めると、私法の基本原則である私的自治の原則*4 が害されて、私人間の行為が憲法によって規律されてしまうという問題点がある。また、知る権利のような複合的性格をもつ人権規定の直接適用を認めることで、かえって相手方の自由権が制限される場合もあるという問題点もある。

以上

*1　本問の私人間効力の論点が主張された背景を踏まえて、問題提起する。

*2　その他にも、昭和女子大事件（最判昭49・7・19）などがある。

*3　法律行為ではない行為である。

*4　私的な生活関係は自分の自由な意思で規律することができるとする原則である。

第5問 幸福追求権

頻出度 B　難易度 ★☆☆

憲法13条の幸福追求権について、その法的意味と、そこから導き出される権利について説明せよ。
【平成13年度・香川県】

必須キーワード&フレーズ

新しい人権　具体的権利　**プライバシーの権利**　環境権　**京都府学連事件**　承諾なしに、みだりにその容ぼう等を撮影されない自由　肖像権　前科照会事件　前科を公開されない利益

考え方

本問で問題となるのは、次の2点！
①幸福追求権の法的意味
②新しい人権

まず、法的意味について、新しい人権の根拠になる包括的基本権である旨を明示する。次に、新しい人権の例として、最高裁判例で認められたプライバシーの権利の具体例（肖像権など）を書く。最後に、注意点を書けばよい。

答案構成

1　幸福追求権の法的意味
　新しい人権の根拠
　↓
2　新しい人権
　プライバシーの権利
　　判例
　　　①京都府学連事件（肖像権）
　　　②前科照会事件（前科の非公開）

第5問　幸福追求権

基本的人権

> **Point**
> 憲法13条の幸福追求権では、その法的意味を前提に「新しい人権」の出題が中心となる。とくにプライバシーの権利については、判例が判示した肖像権、前科を公開されない利益が重要である。

小問演習に挑戦！

1　プライバシーの権利について20字程度で述べよ。
2　次の空欄に入る語句を答えよ。

　　憲法13条は、国民の私生活上の自由が、警察権等の国家権力の行使に対しても保護されるべきことを規定しているものということができる。そして、個人の私生活上の自由の１つとして、何人も、その承諾なしに、みだりにその容ぼう・姿態（容ぼう等）を［　ア　］されない自由を有するものというべきである。これを［　イ　］と称するかどうかは別として、少なくとも、警察官が、正当な理由もないのに、個人の容ぼう等を［　ア　］することは、憲法13条の趣旨に反し、許されないものといわなければならない。

3　次の空欄に入る語句を答えよ。

　　前科及び犯罪経歴（前科等）は人の名誉、信用に直接にかかわる事項であり、前科等のある者もこれをみだりに［　　　］されないという法律上の保護に値する利益を有するのであって、市区町村長が漫然と弁護士会の照会に応じ、犯罪の種類、軽重を問わず、前科等のすべてを報告することは、公権力の違法な行使にあたると解するのが相当である。

小問演習解答

1　自己に関する情報をコントロールする権利。
2　ア―**撮影**　イ―**肖像権**
　　京都府学連事件の判旨である。
3　公開
　　前科照会事件の判旨である。

肖像権	承諾なしに、みだりにその容ぼう等を撮影されない自由
前科を公開されない利益	前科等をみだりに公開されない法律上の保護に値する利益

判例

京都府学連事件（最大判昭44・12・24）

個人の私生活上の自由の1つとして、何人も、**その承諾なしに、みだりにその容ぼう・姿態（容ぼう等）を撮影されない自由**を有するものというべきである。これを肖像権と称するかどうかは別として、少なくとも、警察官が、正当な理由もないのに、個人の容ぼう等を撮影することは、憲法13条の趣旨に反し、許されない。

前科照会事件（最判昭56・4・14）

前科及び犯罪経歴（前科等）は人の名誉、信用に直接にかかわる事項であり、**前科等のある者もこれをみだりに公開されないという法律上の保護に値する利益**を有するのであって、市区町村長が漫然と弁護士会の照会に応じ、犯罪の種類、軽重を問わず、前科等のすべてを報告することは、公権力の違法な行使にあたる。

第5問 答案例

1　法的意味[*1]

　憲法は、14条以下に人権規定を列挙しているが、それは歴史的に侵害されることの多かった権利や自由を、憲法制定時に列挙したカタログにすぎず、当然、すべての人権を規定しつくしたものではない。

　したがって、**社会の変革、発展に伴って、個人の尊重・尊厳に必要不可欠と考えられるようになった権利自由は、たとえ憲法に明文がなくても、新しい人権として、憲法上保障される人権と解するべきである。**

　憲法13条の幸福追求権は、その根拠となる規定である。すなわち、幸福追求権は、包括的な基本権であり、そこから導き出される新しい人権は、裁判でも救済可能な**具体的権利**と解される。

2　新しい人権

　幸福追求権から導き出される新しい人権として、従来、プライバシーの権利、環境権、嫌煙権、平和的生存権など、様々なものが主張されてきた。[*2]そのなかで、判例が認めたものには自己に関する情報をコントロールする権利という趣旨での**プライバシーの権利**などがある。

　まず、警察官による証拠保全のための写真撮影が争われた**京都府学連事件**において、**何人も、その承諾なしに、みだりにその容ぼう等を撮影されない自由を有する**として、**プライバシーの権利の一内容である肖像権**を認めている。[*3]

　また、市区町村長が弁護士会の照会に応じたことが争われた**前科照会事件**で、**前科等のある者も、これをみだりに公開されない法律上の保護に値する利益を有する**として、プライバシーの権利の一内容である**前科を公開されない利益**も認めている。[*4]

　ただし、人権のインフレ化を防止するために、新しい人権として憲法上の権利として承認するためには、その権利が、長期間にわたり、多数の国民によって認められてきたことなど、さまざまな点を考慮しなければならないと考える。

以上

[*1] 問題文に沿った適切な見出しを立てていく。

[*2] その他にも、日照権、眺望権、静穏権、入浜権など多数ある。

[*3] 京都府学連事件における肖像権は、このテーマの判例のなかで、最も重要である。

[*4] 同旨の判例に、ノンフィクション「逆転」事件（最判平6・2・8）がある。

第6問　新しい人権

頻出度 C ／ 難易度 ★☆☆

次の権利について、それぞれ400字以内で説明せよ。なお、憲法13条の幸福追求権および同25条の生存権の説明は簡単でよい。

(1) 肖像権
(2) 環境権　　　　　　　　　　　　　　　　　【オリジナル問題】

（参照条文）
【憲法】
第13条後段　生命、自由及び幸福追求に対する国民の権利については、公共の福祉に反しない限り、立法その他の国政の上で、最大の尊重を必要とする。
第25条第1項　すべて国民は、健康で文化的な最低限度の生活を営む権利を有する。

必須キーワード&フレーズ

承諾なしに、みだりにその容ぼう等を撮影されない権利　憲法13条　新しい人権　京都府学連事件　良い環境を享受し、それを支配する権利　憲法25条

考え方

本問で問題となるのは、問題文から当然に次の2点！
①肖像権
②環境権

それぞれについて、その意義、法的根拠、判例（②はなし）を説明する。400字以内という字数制限があるので、コンパクトな内容の答案を心がける。

答案構成

(1) 肖像権
　　意義
　　根拠（憲法13条）
　　判例：京都府学連事件
(2) 環境権
　　意義
　　根拠（憲法13条＋25条）
　　判例：最高裁なし

Point

「新しい人権」として、議論されている個々の権利・自由にはいろいろなものがあるが、憲法13条を根拠とする肖像権と、憲法13条・25条を根拠とする環境権の2つが大切である。

小問演習に挑戦！

1　肖像権について25字以内で述べよ。
2　環境権について20字以内で述べよ。

小問演習解答

1　承諾なしに、みだりに容ぼう等を撮影されない権利。
2　良い環境を享受し、それを支配する権利。

●プライバシーの権利

　判例・通説は、憲法13条の幸福追求権を根拠としてプライバシーの権利を認めている。かつては「私生活をみだりに公開されない権利」ととらえられていたプライバシーの権利は、現在では、「自己に関する情報をコントロールする権利」ととらえられている。情報化社会といわれて

久しい現代において、個人が自己に関する情報をコントロールすることが必要だと考えられるようになったからである。

　最高裁判所が新しい人権として認めたものとして、この意味でのプライバシーの権利が重要である。このプライバシーの権利に属するものに、肖像権、前科等を公開されない利益などがある。また、「石に泳ぐ魚」事件（最判平14・9・24）のようにプライバシー侵害を理由に出版差止めを認める判例もある。

判例

第5問の京都府学連事件を参照。

第6問 答案例

(1) 肖像権*1

　肖像権は、何人も、その承諾なしに、みだりにその容ぼう等を撮影されない権利である。

　肖像権は、憲法13条で規定されている幸福追求権から導き出される新しい人権の1つであると考えられる。幸福追求権は、包括的な基本権であり、そこから導き出される新しい人権は、裁判でも救済可能な具体的権利だからである。*2

　判例も、警察官による証拠保全のための写真撮影が争われた京都府学連事件において、個人の私生活上の自由の1つとして、何人も、その承諾なしにみだりにその容ぼう等を撮影されない自由を有するので、警察官が、正当な理由もないのに、個人の容ぼう等を撮影することは、13条の趣旨に反し許されないとして、肖像権を認めている。

(2) 環境権

　環境権は、健康で快適な生活を維持する条件として、良い環境を享受し、それを支配する権利である。

　環境権は、良い環境の享受を妨げられないという意味では自由権であり、その点では、憲法13条の幸福追求権によって保障されると考えられる。

　しかし、良い環境を享受し、支配するという権利内容を具体化して実現するためには、国、公共団体による積極的な環境保全や改善のための施策が必要とされるから、社会権としての性質もあり、その点では、憲法25条の生存権も根拠になると考えられる。

　ただし、環境権という新しい人権を、真正面から認めた最高裁判所の判例は存在しないことに、注意すべきである。*3

以上

*1
定義、根拠、判例の順番に、説明していく。

*2
問題文の指示（字数制限など）に従い、コンパクトに記述する。

*3
現状では最高裁判例がないことも、しっかり指摘する。

第7問 法の下の平等①

頻出度 A　難易度 ★★

法の下の平等の意味について簡単に説明した上、平等原則違反の違憲審査基準について論ぜよ。　　　【平成21年度・裁判所】

必須キーワード&フレーズ

立法権拘束　法内容平等　相対的平等　不合理な差別　合理的区別
①立法目的と②立法目的を達成する手段の2段階　尊属殺重罰規定事件

考え方

本問で問題となるのは、次の2点！
①法の下の平等の意味
②平等原則違反の違憲審査基準

まず、法の下の平等の意味について、「法の下」と「平等」の意味につき、法内容平等説と相対的平等説を論じる。次に、平等原則違反の違憲審査基準について、学説上、かなり難しい考えも主張されているが、ここでは最も基本的な考え方である①立法目的と②立法目的達成手段で審査する2段階テストを論じられれば十分である。

答案構成

1　法の下の平等の意味は？
　「法の下」
　　　法適用平等説×
　　　法内容平等説○
　「平等」
　　　絶対的平等説×
　　　相対的平等説○
　　　　↓（合理的区別）

2 平等原則違反の違憲審査基準は？
①立法目的
②立法目的達成手段

> **P**oint
> 憲法14条の「法の下の平等」の意味については、法内容平等説と相対的平等説、平等原則違反の違憲審査については、①立法目的と②立法目的達成手段をしっかり理解しよう。

小問演習に挑戦！

1 「法の下」の意味について100字以内で述べよ。
2 「平等」の意味について50字程度で述べよ。
3 次の空欄に入る語句を答えよ。
　　旧刑法200条は、尊属殺の法定刑を死刑または無期懲役刑のみに限っている点において、その[　　　]達成のため必要な限度を遥かに超え、普通殺に関する旧刑法199条の法定刑に比し著しく不合理な差別的取扱いをするものと認められ、憲法14条１項に違反して無効であるとしなければならず、尊属殺にも旧刑法199条を適用するほかはない。

小問演習解答

1 法を適用する行政権と司法権のみを拘束し、行政権と司法権のみが国民を差別してはならないという意味ではなく、法を定立する**立法権をも拘束**し、**法の内容も平等**でなければならないという意味である。
2 各人を絶対的機械的に均等に取り扱うことでなく、同一の条件の下では均等に取り扱う**相対的平等**を意味する。

「法の下」の意味	法内容平等説
「平等」の意味	相対的平等説

3 立法目的

尊属殺重罰規定事件の判旨である。

理論構成は、①立法目的○、②立法目的達成手段×→不合理な差別（違憲）としている。

判 例

尊属殺重罰規定事件（最大判昭48・4・4）

刑法200条は、尊属殺の法定刑を死刑または無期懲役刑のみに限っている点において、その**立法目的達成のため必要な限度を遥かに超え**、普通殺に関する刑法199条の法定刑に比し著しく不合理な差別的取扱いをするものと認められ、憲法14条1項に違反して無効である。

第7問 答案例

1　法の下の平等の意味

憲法14条は、法の下の平等を規定している。*¹

まず、「法の下」とは、法を適用する行政権と司法権のみを拘束し、行政権と司法権のみが国民を差別してはならないという意味ではなく、法を定立する立法権をも拘束し、法の内容も平等でなければならないという意味であると考える。なぜなら、法の内容が不平等であれば、いくらそれを平等に適用しても無意味だからである。

次に、「平等」とは、各人を絶対的機械的に均等に取り扱うことではなく、同一の条件の下では均等に取り扱うこと、すなわち相対的平等を意味すると考える。なぜなら、各人には、性別、年齢、財産などの様々な事実上の差異があるからである。

2　平等原則違反の違憲審査基準

このように相対的平等と考えると、恣意的で不合理な差別は許されないが、差異に応じた合理的な区別は許されることになる。

ここで問題となるのは、何が合理的な区別で、逆に、何が不合理な差別であるかを判断することである。単に、合理的か否かというだけでは、判断基準としてあまりに抽象的で不十分である。そこで、具体的な事件において、合憲か違憲かを審査判定する平等原則違反の違憲審査基準が、特に問題となる。*²

この点、①立法目的と②立法目的を達成する手段の2段階によって、審査すべきであると考える。すなわち、①まず第1に、争われている法律の立法目的が正当なものか否かを判断する。もし、この段階で不当であれば、不合理な差別となり、直ちに違憲となる。正当である場合には、次の第2段階の審査に進むことになる。そして、②第2に、当該法律の立法目的の達成手段が正当なものか否かを判断する。ここで不当であれば、不合理な差別となり、やはり違憲となる。正当である場合には、合理的な区別となり、合憲となるのである。

判例も、その判断過程は疑問であるが、尊属殺重罰規定事件において、同旨の違憲審査基準により、旧刑法200条を、結論としては違憲と判断している。*³

以上

*¹ 問題文に「簡単に説明」とあるので、14条1項後段列挙事項（人種、信条、性別、社会的身分又は門地）の論点には触れなくてもよい。

*² 平等原則違反の違憲審査基準が本問の中心であるので、ここを十分に論じる。

*³ この判例自体が問われているわけではないので、深入りせず、紹介する程度にとどめる。

第8問 法の下の平等②

頻出度 C　難易度 ★★★

　改正前の国籍法においては、同2条1号により、「出生の時に父又は母が日本国民であるとき」、日本国籍を取得するので、婚外子の場合、父から胎児認知を受けていれば、生来的に日本国籍を取得し、また、同3条1項により、「父母の婚姻及びその認知により嫡出子たる身分を取得した子」は、法務大臣に届け出ることで、日本の国籍を取得することができるとされていた。＊

　したがって、日本国民である父と日本国民でない母との間に出生した子は、父からの生後認知を受けても、父母の婚姻によって準正の嫡出子たる身分を取得しなければ、日本国籍を取得できないことになる。

　このような法律関係にあって、法律上の婚姻関係にない日本国民である父と外国籍を有する母との間に本邦において出生したXらが、出生後父から認知を受けたことを理由として平成17年に法務大臣あてに国籍取得届を提出したところ、国籍取得の条件を備えておらず、日本国籍を取得していないものとされた。そこで、Xらは日本国籍を有することの確認を求めて訴えを提起した。

　以上の事案を前提にして、同3条1項が、憲法14条1項に違反しないかについて論ぜよ。　　　　　　　　　　　【オリジナル問題】

＊現在の同3条1項は、「父又は母が認知した子」に改正されている。

必須キーワード&フレーズ

平等　相対的平等　不合理な差別　合理的な区別　違憲審査基準　立法目的　達成手段　国籍法3条1項は、憲法14条1項に違反

考え方

　本問で問題となるのは、次の2点！
①憲法14条1項の審査基準
②本件法律の違憲性

まず、平等の意味を簡単に書き、合理的区別の違憲審査基準を説明する。次に、本件ケースのあてはめ、結論を書く。

答案構成

1　憲法14条1項の審査基準は？
　相対的平等→合理的区別か不合理な差別かを判断
　　　　　　審査基準
　　　　　　　↓
2　本件法律に違憲性はあるか？
　あてはめ→結論（違憲）

Point

出題の素材になった生後認知児童国籍確認事件は、近時の重要判例であり、択一式・記述式試験ともに出題が予想される判例である。本問は長文の事例問題なので、判例の判示内容に沿って、あてはめと結論をしっかり論じる。通常、長文の事例問題は著名判例を素材として出題される。そこで、答案は、判例の判示内容に沿って同じ流れで書けばよい。

小問演習に挑戦！

1　「平等」の意味について100字以内で述べよ。
2　次の空欄に入る語句を1つ答えよ。

　　本件区別については、これを生じさせた［　　　］自体に合理的な根拠は認められるものの、［　　　］との間における合理的関連性は、我が国の内外における社会的環境の変化等によって失われており、今日において、旧国籍法3条1項の規定は、日本国籍の取得につき合理性を欠いた過剰な要件を課するものとなっているというべきである。しかも、日本国民である父から出生後に認知されたにとどまる非嫡出子に対して、日本国籍

の取得において著しく不利益な差別的取扱いを生じさせているといわざるを得ず、国籍取得の要件を定めるに当たって立法府に与えられた裁量権を考慮しても、この結果について、上記の［　　　］との間において合理的関連性があるものということはもはやできない。

そうすると、本件区別は、遅くとも上告人らが法務大臣あてに国籍取得届を提出した当時には、立法府に与えられた裁量権を考慮してもなおその［　　　］との間において合理的関連性を欠くものとなっていたと解される。

したがって、上記時点において、本件区別は合理的な理由のない差別となっていたといわざるを得ず、国籍法3条1項の規定が本件区別を生じさせていることは、憲法14条1項に違反するものであったというべきである。

小問演習解答

1　各人を絶対的機械的に均等に取り扱うことではなく、同一の条件下では均等に取り扱う**相対的平等**を意味する。よって、恣意的で**不合理な差別**は許されないが、差異に応じた**合理的な区別**は許される。
2　立法目的
　生後認知児童国籍確認事件の判旨である。

判例

生後認知児童国籍確認事件（最大判平20・6・4）

本件区別については、立法目的との間における合理的関連性は、我が国の内外における社会的環境の変化等によって失われており、今日において、国籍法3条1項の規定は、日本国籍の取得につき合理性を欠いた過剰な要件を課するものとなっている。日本国民である父から出生後に認知されたにとどまる非嫡出子に対して、日本国籍の取得において著しく不利益な差別的取扱いを生じさせているといわざるを得ず、国籍取得の要件を定めるに当たって立法府に与えられた裁量権を考慮しても、立法目的との間において合理的関連性があるものということはもはやできない。

本件区別は合理的な理由のない差別となっていたといわざるを得ず、**国籍法3条1項の規定が本件区別を生じさせていることは、憲法14条1項に違反**するものである。

第8問　答案例

1　憲法14条1項の審査基準[*1]

　憲法14条1項は、法の下の平等を規定している。ここで、**平等**とは、各人を絶対的機械的に均等に取り扱うことではなく、同一の条件の下では均等に取り扱うこと、すなわち**相対的平等**を意味すると考える。したがって、恣意的で**不合理な差別**は許されないが、差異に応じた**合理的な区別**は許されることになる。

　問題となるのは、合理的な区別か否かの**違憲審査基準**であるが、①立法目的と②立法目的を達成する手段の2段階によって、審査すべきであると考える。これにより、まず第1に、争われている法律の立法目的が合理的なものか否かを判断し、合理的である場合には、次の第2段階の審査に進み、第2に、当該法律の立法目的の達成手段が合理的なものか否かを判断する。これが不当であれば、**不合理な差別**となり、**違憲**となる。

2　本件法律の違憲性

　以上に照らして考えると、本件区別については、立法目的との間における合理的関連性が、わが国の内外における社会的環境の変化等によって失われており、今日において、国籍法3条1項の規定は、日本国籍の取得につき合理性を欠いた過剰な要件を課すものとなっているというべきである。

　しかも、日本国民である父から出生後に認知されたにとどまる非嫡出子に対して、日本国籍の取得において著しく不利益な差別的取扱いを生じさせているといわざるを得ず、国籍取得の要件を定めるに当たって立法府に与えられた裁量権を考慮しても、立法目的との間において合理的関連性があるものということはもはやできない。

　そうだとすると、本件区別は、遅くともXらが法務大臣あてに国籍取得届を提出した当時には、立法目的との合理的関連性を欠くものとなっていたと考えられる。[*2]

　したがって、その時点において、本件区別は合理的な理由のない差別となっており、**旧国籍法3条1項は、憲法14条1項に違反する**ものであったと考える（判例同旨）。[*3]

以上

[*1] 憲法14条1項違反か否かを問う問題なので、まず、同条項の違憲審査の基準から、書き始める。

[*2] 事例問題なので、丁寧にあてはめを行う。

[*3] 事例問題なので、最後に結論を書く。

第9問 信教の自由

頻出度 C　難易度 ★★

信教の自由の内容と限界について説明した上で、それとの関係から、次の事例について簡単に論じなさい。
「僧侶Aは、精神障害を治癒させるための加持祈祷において、数時間にわたって被害者を線香護摩の熱気と煙に無理やりさらして死亡させたために、処罰された。」

【オリジナル問題】

必須キーワード&フレーズ

憲法20条　信教の自由　信仰の自由　宗教的行為の自由　宗教的結社の自由　絶対に保障　参加を強制されない自由　公共の福祉　信教の自由の保障の限界を逸脱

考え方

本問で問題となるのは、次の3点！
①信教の自由の内容
②信教の自由の限界
③本件事例の評価

まず、信教の自由の3つの内容を書いて、次に、宗教的行為の自由には限界があることを書く。そして、本件事例は、まさに限界となるケースであることを書こう。

答案構成

```
1　信教の自由の内容
　①信仰の自由
　②宗教的行為の自由、③宗教的結社の自由
　　↓
2　信教の自由の限界
　①限界なし
```

第9問 信教の自由

②③限界あり
↓
3 あてはめ
信教の自由の保障の限界を逸脱

基本的人権

Point

憲法20条の「信教の自由」の内容では、①信仰の自由、②宗教的行為の自由、③宗教的結社の自由の3つ、そして①②③それぞれの限界の有無が大切である。そのうえで、加持祈祷事件を②の限界として論じよう。

小問演習に挑戦！

1 信教の自由の3つの内容について30字以内で述べよ。
2 次の空欄に入る語句を答えよ。

　　被告人の本件行為は、被害者の精神障害平癒を祈願するため、線香護摩による加持祈祷の行としてなされたものであるが、被告人の加持祈祷行為の動機、手段、方法およびそれによって被害者の生命を奪うに至った暴行の程度等は、医療上一般に承認された精神障害者に対する治療行為とは到底認め得ないというのである。しからば、被告人の本件行為は、一種の宗教行為としてなされたものであったとしても、他人の生命、身体等に危害を及ぼす違法な有形力の行使に当るものであり、これにより被害者を死に致したものである以上、被告人の行為が著しく反社会的なものであることは否定し得ないところであって、憲法20条1項の［　　］の保障の限界を逸脱したものというほかはない。

小問演習解答

1 **信仰の自由、宗教的行為の自由、宗教的結社の自由**の3つ。

●信教の自由の内容

信仰の自由	宗教を信仰したり、信仰しない自由（絶対的保障）
宗教的行為の自由	宗教上の祝典、儀式、行事などを行う自由
宗教的結社の自由	宗教団体を結成する自由

35

2　信教の自由

　加持祈祷事件の判旨である。この判例では「信教の自由の保障の限界を逸脱した」と判示して、信教の自由にも限界があることを認めている。

判 例

加持祈祷事件（最大判昭38・5・15）
本件行為は、一種の宗教行為としてなされたものであったとしても、他人の生命、身体等に危害を及ぼす違法な有形力の行使に当るものであり、これにより被害者を死に致したものである以上、憲法20条1項の**信教の自由の保障の限界を逸脱**したものというほかはない。

第9問　答案例

1　信教の自由の内容[*1]

憲法20条1項は、信教の自由を保障している。

信教の自由の内容は、①信仰の自由、②宗教的行為の自由、③宗教的結社の自由の3つである。

①信仰の自由は、宗教を信仰したり、信仰しない自由である。この自由は、個人の内心における自由であるため、侵すことは許されず絶対に保障される。

②宗教的行為の自由は、宗教上の祝典、儀式、行事などを行う自由である。同条2項は、明文で宗教的行為への参加を強制されない自由を規定している。

③宗教的結社の自由は、宗教団体を結成する自由である。

2　信教の自由の限界

①信仰の自由は、前述のとおり絶対に保障されるものであるが、それ以外の②宗教的行為の自由と③宗教的結社の自由は、憲法13条の公共の福祉によって制約される。

つまり、②宗教的行為の自由は、絶対に無制約なものではなく、その保障には限界があるのである。

3　本件事例

そうだとすると、本件事例はどう考えられるか。

Aの本件行為は、被害者の精神障害を治癒させるため、線香護摩による加持祈祷としてなされたものであるが、Aの加持祈祷行為の手段、方法およびそれによって被害者の生命を奪うに至った程度等は、医療上一般に承認された精神障害者に対する治療行為とは到底認めることができない。したがって、Aの本件行為は、一種の宗教行為としてなされたものであったとしても、他人の生命、身体等に危害を及ぼす違法な有形力の行使に当たるものであり、これにより被害者を死に致したものである以上、Aの本件行為が著しく反社会的なものであることは否定できないところである。[*2]

よって、本件行為は、憲法20条1項の信教の自由の保障の限界を逸脱したものでありこれを処罰したことは何ら憲法に反するものではない（判例同旨）。

以上

*1　1, 2, 3と問題文に沿った見出しを立てていくことで自分の考えも整理される。

*2　事例問題では、結論の妥当性も評価される。ここでも、判例に照らし、常識的な結論を導こう。

第10問 политическо政教分離原則

頻出度 A　難易度 ★

憲法は、第20条1項後段で、「いかなる宗教団体も、国から特権を受け、又は政治上の権力を行使してはならない」、同条3項で「国及びその機関は、宗教教育その他いかなる宗教的活動もしてはならない」と規定し、さらに財政面からも、第89条で「公金その他の公の財産は、宗教上の組織若しくは団体の使用、便益若しくは維持のため、…これを支出し、又はその利用に供してはならない」と規定して、政教分離の原則を採用している。

この政教分離の原則の①法的性格、②分離の程度、③「宗教的活動」の判断基準について説明せよ。【オリジナル問題】

必須キーワード&フレーズ

制度的保障　限定分離　宗教的活動　目的が宗教的意義をもつ
効果が宗教に対する援助、助長、促進等になる　目的効果基準
津地鎮祭事件　砂川政教分離訴訟

考え方

本問で問題となるのは、次の3点！
①政教分離の原則の法的性格
②分離の程度
③「宗教的活動」の判断基準

まず、法的性格について制度的保障だとし、次に、分離の程度は、限定分離で足りるとする。最後に、判断基準として目的効果基準を十分に説明しよう。

答案構成

1	政教分離の原則の法的性格は？
	制度的保障
	↓

第10問 政教分離原則

2 分離の程度は？
   限定分離
   ↓
3 「宗教的活動」の判断基準は？
   目的効果基準
      判例：津地鎮祭事件、砂川政教分離訴訟

Point

政教分離の原則について、①法的性格は制度的保障、②分離の程度は限定分離、③憲法20条3項の「宗教的活動」は目的効果基準で判断。判例では、津地鎮祭事件、砂川政教分離訴訟などが重要である。

小問演習に挑戦！

1 政教分離の原則の法的性格を5字で答えよ。
2 国家と宗教との分離の程度について60字程度で述べよ。
3 「宗教的活動」の判断基準について60字以内で述べよ。

小問演習解答

1 制度的保障
2 国家が宗教とのかかわり合いをもつことを全く許さないものではなく、かかわり合いが相当とされる限度を超える場合に許さない。
3 当該行為の**目的**が宗教的意義を持ち、その**効果**が宗教に対する援助、助長、促進または圧迫、干渉等になるような行為をいう。

●政教分離

法的性格	制度的保障
分離の程度	限定分離
宗教的活動にあたるか否か	目的効果基準で判断

判例

津地鎮祭事件（最大判昭52・7・13）

政教分離規定は、いわゆる**制度的保障**の規定であって、信教の自由そのものを直接保障するものではなく、国家と宗教との分離を制度として保障することにより、間接的に信教の自由の保障を確保しようとするものである。

政教分離原則は、国家が宗教的に中立であることを要求するものではあるが、国家が宗教とのかかわり合いをもつことを全く許さないとするものではなく、宗教とのかかわり合いをもたらす行為の目的及び効果にかんがみ、**そのかかわり合いが相当とされる限度を超えるものと認められる場合にこれを許さない**とするものである。

憲法20条3項にいう宗教的活動とは、当該**行為の目的が宗教的意義をもち、その効果が宗教に対する援助、助長、促進又は圧迫、干渉等になる**ような行為をいう。

本件起工式は、宗教とかかわり合いをもつものであることを否定しえないが、その目的は建築着工に際し土地の平安堅固、工事の無事安全を願い、社会の一般的慣習に従った儀礼を行うという専ら世俗的なものと認められ、その効果は神道を援助、助長、促進し又は他の宗教に圧迫、干渉を加えるものとは認められないのであるから、憲法20条3項により禁止される宗教的活動にはあたらない。

砂川政教分離訴訟（最大判平22・1・20）

諸般の事情を考慮し、社会通念に照らして総合的に判断すると、本件利用提供行為は、市と本件神社ないし神道とのかかわり合いが、我が国の社会的、文化的諸条件に照らし、信教の自由の保障の確保という制度の根本目的との関係で相当とされる限度を超えるものとして、憲法89条の禁止する公の財産の利用提供に当たり、ひいては憲法20条1項後段の禁止する宗教団体に対する特権の付与にも該当する。

第10問　答案例

1　法的性格[*1]

政教分離の原則は、国から特権を受ける宗教を禁止して、国家の非宗教性ないし国家の宗教的中立性を要求する原則である。

その法的性格は、**制度的保障**の規定であると考える。信教の自由そのものを直接保障するものではなく、国家と宗教との分離を制度として保障することにより、間接的に信教の自由の保障を確保しようとするものである。

2　分離の程度

しかし、現実の国家制度として、国家と宗教との完全な分離を実現することは、実際上不可能に近いものである。

したがって、国家と宗教との分離の程度は、**国家が宗教とのかかわり合いをもつことを全く許さないものではなく、（後述するように）宗教とのかかわり合いをもたらす行為の目的および効果にかんがみ、そのかかわり合いが諸条件に照らし相当とされる限度を超えると認められる場合にこれを許さないとするもの**であると考える。

すなわち、**限定分離**で足りることになる。

3　「宗教的活動」の判断基準

憲法20条3項にいう**宗教的活動**とは、およそ国およびその機関の活動で宗教とのかかわり合いをもつすべての行為を指すものではなく、そのかかわり合いが相当とされる限度を超えるものに限られるというべきである。

すなわち、**当該行為の目的が宗教的意義をもち、その効果が宗教に対する援助、助長、促進または圧迫、干渉等になるような行為**をいうと考える。これを**目的効果基準**といい、最高裁判所も、地鎮祭の挙行の是非が争われた**津地鎮祭事件**などで使用している。[*2]

ただし、神社への市有地の無償提供の是非が争われた近時の違憲判決である**砂川政教分離訴訟**では、諸般の事情を考慮し社会通念に照らして総合的に判断するとして、この基準を使用していない。[*3]

以上

[*1] 問題文に沿って、1、2、3と見出しを立てていく。分量バランスは、1＜2＜3のように、内容の重要度に応じて増やしていくとよい。

[*2] 以上までを、リーディング・ケースである津地鎮祭事件の最高裁判例の立場で、説明した。

[*3] 最後に、近時の違憲判決である砂川政教分離訴訟を紹介したい！

第11問 学問の自由

頻出度 C　難易度 ★★★

学生・生徒の人権を巡る次の憲法上の諸論点について、判例にも言及しつつ、論じなさい。
1　学生にとっての学問の自由・大学の自治
2　生徒にとっての教育を受ける権利
3　在学する学生・生徒に対する学則・校則

【平成17年度・参議院】

必須キーワード&フレーズ

学問の自由　大学の自治　東大ポポロ事件　実社会の政治的社会的活動に当る行為　教育を受ける権利　子どもの学習権　旭川学力テスト事件　国は、教育内容について決定する権能を有する　昭和女子大事件

考え方

本問ではまず、1の学問の自由と大学の自治について、警察権との関係に関する東大ポポロ事件の内容を、次に、2の教育を受ける権利について、教育権の所在に関する旭川学力テスト事件の内容を、最後に、3の学則違反についての昭和女子大事件の内容をそれぞれ書いていこう。

答案構成

1　学問の自由・大学の自治
　　判例：**東大ポポロ事件**
　　　→実社会の政治的社会的活動では、**大学の自治**を享有せず
2　教育を受ける権利
　　判例：**旭川学力テスト事件**
　　　→国は必要・相当と認められる範囲で、教育内容の決定権あり

3 学生などに対する学則
　　判例：**昭和女子大事件**
　　→学則は不合理でなく、退学処分も裁量権の範囲

Point

1の大学の自治では東大ポポロ事件、2の教育権の所在では旭川学力テスト事件、3の学則では昭和女子大事件の判例がそれぞれ重要である。

小問演習に挑戦！

1　大学の自治について50字以内で述べよ。
2　次の空欄に入る語句を1つ答えよ。
　　大学の学問の自由と［　　］は、直接には教授その他の研究者の研究、その結果の発表、研究結果の教授の自由とこれらを保障するための［　　］とを意味すると解される。大学の施設と学生は、これらの自由と［　　］の効果として、施設が大学当局によって［　　］的に管理され、学生も学問の自由と施設の利用を認められるのである。
　　学生の集会が真に学問的な研究またはその結果の発表のためのものでなく、実社会の政治的社会的活動に当る行為をする場合には、大学の有する特別の学問の自由と［　　］は享有しないといわなければならない。
3　教育権の所在についての判例の考え方を40字以内で述べよ。

小問演習解答

1　大学の内部行政を大学の自主的な判断に任せ、大学内に外部勢力が干渉することを排除するもの。
2　**自治**
　　東大ポポロ事件の判旨である。

3 国は、必要かつ相当と認められる範囲で教育内容について決定する権能を有する。

| 教育権の所在は？ | ・国民教育権説
・折衷説（判例）
・国家教育権説 |

判例

東大ポポロ事件（最大判昭38・5・22）

大学の学問の自由と自治は、直接には教授その他の研究者の研究、その結果の発表、研究結果の教授の自由とこれらを保障するための自治とを意味する。大学の施設と学生は、これらの自由と自治の効果として、施設が大学当局によって自治的に管理され、学生も学問の自由と施設の利用を認められる。学生の集会が真に学問的な研究またはその結果の発表のためのものでなく、**実社会の政治的社会的活動に当る行為をする場合には、大学の有する特別の学問の自由と自治は享有しない。**

旭川学力テスト事件（最大判昭51・5・21）

２つの見解（国家教育権説・国民教育権説）はいずれも極端かつ一方的であり、そのいずれをも全面的に採用することはできない。

親の教育の自由は、主として家庭教育等学校外における教育や学校選択の自由にあらわれるものと考えられるし、また、私学教育における自由や教師の教授の自由も、それぞれ限られた一定の範囲においてこれを肯定するのが相当であるけれども、それ以外の領域においては、**国は、必要かつ相当と認められる範囲において、教育内容についてもこれを決定する権能を有する。**

昭和女子大事件（最判昭49・7・19）

大学が、上告人らに同大学の教育方針に従った改善を期待しえず教育目的を達成する見込が失われたとして、同人らの一連の行為を「学内の秩序を乱し、その他学生としての本分に反した」ものと認めた判断は、社会通念上合理性を欠くものであるとはいいがたく、結局、本件**退学処分は、懲戒権者に認められた裁量権の範囲内**にあるものとして、その効力を是認すべきである。

第11問　答案例

1　学生にとっての学問の自由・大学の自治[*1]

　憲法23条は**学問の自由**を規定して、個人の人権としての学問の自由と、大学における学問の自由の保障を強化するために**大学の自治**を保障している。学問の自由の内容は、研究の自由、その発表の自由、教授の自由の3つである。

　また、大学の自治は、大学の内部行政を大学の自主的な判断に任せ、大学内に外部勢力が干渉することを排除するものである。その内容の1つに、施設と学生の管理の自治がある。

　この点、特に警察権との関係が問題となる。警察官による大学構内への立ち入りが争われた**東大ポポロ事件**において、判例は、学生の集会が真に学問的な研究やその結果の発表のためのものでなく、実社会の政治的社会的活動に当る行為をする場合には、大学の有する特別の学問の自由と自治は享有しないとしている。[*2]

2　生徒にとっての教育を受ける権利

　憲法26条1項は**教育を受ける権利**を規定して、**子どもの学習権**を保障している。

　この点に関しては、教育権の所在、すなわち、子どもの教育内容を決定できるのは誰かが争われている。国家教育権説や国民教育権説もあるが、**旭川学力テスト事件**において判例は、いずれも極端かつ一方的であり、そのいずれをも全面的に採用することはできないとしたうえで、教師に一定の範囲における教授の自由が保障されるべきとしながら、結論として、国は、必要かつ相当と認められる範囲において、教育内容について決定する権能を有するとしている。[*3]

3　在学する学生・生徒に対する学則・校則

　在学する学生・生徒に対する学則・校則が問題となった事件は、大学・高校などでいくつかある。[*4]

　そのうち、**昭和女子大事件**は、無許可で政治団体に加入した行為などが、同私学の学則である「生活要録」の規定に違反し、結果として学生が退学処分を受けた事件である。判例は、間接適用説の立場から、本件学則は、不合理なものではなく、退学処分も懲戒権者の裁量権の範囲内にあるとしている。

以上

[*1] 本問のような小問形式の場合には、各小問ごとに見出しを立てるとよい。

[*2] 大学の自治では、東大ポポロ事件が最も重要な判例である。

[*3] 教育を受ける権利では、旭川学力テスト事件が最も重要な判例である。第25問も参照。

[*4] ここでは代表的な昭和女子大事件の判例を挙げた。

第12問 表現の自由

頻出度 A　難易度 ★★

表現の自由の意義を述べた上で、表現の自由を規制する立法に対する合憲性の判定基準のうち3つをあげ、それぞれについて説明せよ。

【平成22年度・東京都】

必須キーワード&フレーズ

自己実現　自己統治　「公共の福祉」によって制約　二重の基準論　優越的地位　厳格な基準　明確性の基準　明白かつ現在の危険の基準　LRAの基準

考え方

本問で問題となるのは、次の3点！
①表現の自由の意義
②二重の基準論
③合憲性判定基準の具体例

　まず、表現の自由の2つの価値。次に、二重の基準論を示す。最後に、厳格な基準の例として、判例を参考にして、明確性、明白かつ現在の危険、LRAの基準の3つを説明する。

答案構成

1　表現の自由の意義
自己実現・自己統治
⬇しかし
「公共の福祉」による制約
⬇そこで
2　立法の合憲性判定基準
二重の基準論
　表現の自由の優越的地位

第12問 表現の自由

↓厳格な基準の具体例は
①明確性の基準
②明白かつ現在の危険の基準
③LRAの基準

Point

憲法21条の表現の自由規制立法の合憲性判定基準のテーマでは、まず精神的自由と経済的自由に関する二重の基準論を前提に、厳格な基準の具体例として、明確性の基準、明白かつ現在の危険の基準、LRAの基準などをしっかり挙げたい。

小問演習に挑戦！

1　表現の自由の2つの価値とは何か。
2　次の空欄に入る語句を答えよ。

　　二重の基準論とは、人権のなかで、表現の自由を中心とする［　ア　］は、民主政にとって不可欠の権利であるから、［　イ　］に比べて優越的地位を占め、したがって、［　ア　］を規制する立法の合憲性は、［　イ　］を規制する立法よりも、［　ウ　］によって審査されなければならないとする理論である。

3　明白かつ現在の危険の基準について100字以内で述べよ。
4　LRAの基準について50字以内で述べよ。

小問演習解答

1　自己実現の価値と自己統治の価値。

自己実現	言論活動を通じて個人の人格を形成発展させる
自己統治	言論活動によって民主政を維持運営する

2 　ア―精神的自由　イ―経済的自由　ウ―厳格な基準

精神的自由	厳格な基準（明確性の基準など）
経済的自由	緩やかな基準

3 　表現行為を規制できるのは、害悪が発生する蓋然性が**明白**であり、かつ、それが**時間的に切迫**しており、当該規制手段が害悪を避けるために必要不可欠である場合に限るとする基準。

4 　立法目的を達成するため、**規制の程度がより少ない手段**が存在する場合、当該規制立法を違憲とする基準。

判例

徳島市公安条例事件（最大判昭50・9・10）

刑罰法規の定める犯罪構成要件が**あいまい不明確のゆえに憲法31条に違反し無効**であるとされるのは、その規定が通常の判断能力を有する一般人に対して、禁止される行為とそうでない行為とを識別するための基準を示すところがないからである。

泉佐野市民会館事件（最判平7・3・7）

危険性の程度としては、単に危険な事態を生ずる蓋然性があるというだけでは足りず、**明らかな差し迫った危険の発生が具体的に予見**されることが必要である。

第12問　答案例

1　憲法21条は、表現の自由を保障している。その意義は、言論活動を通じて個人の人格を形成発展させる**自己実現**と、言論活動によって民主政を維持運営する**自己統治**の2つの価値にあり、とくに重要な権利である。*1

2　しかし、表現の自由も無制約ではなく、憲法12条、13条の「公共の福祉」によって制約される。その制約が合憲か違憲かを検討する際に、表現の自由を規制する立法の合憲性を判定する基準が重要となる。

この点、まず、二重の基準論が支持されている。人権のなかで、表現の自由を中心とする精神的自由は、民主政にとって不可欠の権利であるから、経済的自由に比べて優越的地位を占める。したがって、精神的自由を規制する立法の合憲性は、経済的自由の規制立法よりも、厳格な基準によって審査されなければならないとするのがこの理論である。*2

この厳格な基準の具体例として、次の3つなどがある。

① 　明確性の基準

表現の自由を規制する立法は明確でなければならないとする基準である。したがって、条文が不明確な法律は、表現活動に対して萎縮的効果を及ぼすので、無効となるのである。

最高裁判所の判例では、徳島市公安条例事件において、一般論としてではあるが、刑罰法規があいまい不明確のゆえに無効となりうることを認めている。*3

② 　明白かつ現在の危険の基準

表現行為を規制できるのは、害悪が発生する蓋然性が明白であり、かつ、それが時間的に切迫しており、当該規制手段が害悪を避けるために必要不可欠である場合に限るとする基準である。

最高裁判所の判例では、泉佐野市民会館事件*3において、この基準の趣旨を取り入れ、危険性の程度につき、明らかな差し迫った危険の発生が具体的に予見されることが必要であるとしている。

③ 　LRAの基準

立法目的を達成するために、規制の程度がより少ない手段が存在する場合には、当該規制立法を違憲とする基準である。

以上

*1
表現の自由の意義では、2つの価値をしっかり書く。

*2
3つの具体例を書く前に、必ず、二重の基準論を説明する。

*3
徳島市公安条例事件、泉佐野市民会館事件については、第20問、第15問をそれぞれ参照！

第13問　報道の自由

頻出度 A　難易度 ★★

憲法21条が規定する表現の自由に関して、テレビ局や新聞社などのマスメディアの報道の自由をめぐる次の諸問題について論じなさい。
1　マスメディアの報道の自由
2　マスメディアの取材の自由
3　マスメディアに対するアクセス権

【オリジナル問題】

（参照条文）
【憲法】
第21条1項　集会、結社及び言論、出版その他一切の表現の自由は、これを保障する。

必須キーワード&フレーズ

博多駅テレビフィルム提出命令事件　知る権利　報道の自由　取材の自由　アクセス権　マスメディアに対して、自分の意見を発表する場を提供するように要求する権利　反論文掲載請求権　サンケイ新聞事件

考え方

本問で問題となるのは、問題文にあるように次の3点！
①マスメディアの報道の自由
②マスメディアの取材の自由
③マスメディアに対するアクセス権

　まず、報道の自由が憲法21条で保障されることを書く。次に取材の自由について書く。この2つに関しては、博多駅事件の判例に必ず触れる。最後にアクセス権についてサンケイ新聞事件を紹介する。

第13問 報道の自由

答案構成

1 マスメディアの**報道の自由**
　憲法21条で保障される（自説・判例）
　⬇
2 マスメディアの**取材の自由**
　憲法21条で保障される（自説）
3 マスメディアに対する**アクセス権**
　憲法21条で保障されない（自説・判例）

Point

報道の自由と取材の自由では博多駅事件、アクセス権（反論文掲載請求権）ではサンケイ新聞事件が必須である。両判例を踏まえて、できれば自説を書こう。

小問演習に挑戦！

1 次の空欄に入る語句を答えよ。

　　報道機関の報道は、［　ア　］社会において、国民が国政に関与するにつき、重要な判断の資料を提供し、国民の［　イ　］に奉仕するものである。したがって、思想の表明の自由とならんで、事実の報道の自由は、表現の自由を規定した憲法［　ウ　］の保障のもとにあることはいうまでもない。また、このような報道機関の報道が正しい内容をもつためには、報道の自由とともに、報道のための取材の自由も、憲法［　ウ　］の精神に照らし、十分［　エ　］に値するものといわなければならない。

2 次の空欄に入る語句を答えよ。

　　私人間において、当事者の一方が情報の収集、管理、処理につき強い影響力をもつ日刊新聞紙を全国的に発行・発売する者である場合でも、憲法［　ア　］の規定から直接に、所論のような［　イ　］の請求権が他方の

当事者に生ずるものでない。

小問演習解答

1　ア—**民主主義**　イ—**知る権利**　ウ—**21条**　エ—**尊重**
　博多駅事件の判旨である。

報道の自由	憲法21条の保障の下にある
取材の自由	憲法21条の精神に照らし、十分尊重に値する

2　ア—**21条**　イ—**反論文掲載**
　サンケイ新聞事件（最判昭62・4・24）の判旨である。

判例

博多駅テレビフィルム提出命令事件（最大決昭44・11・26）

報道機関の報道は、**民主主義**社会において、国民が国政に関与するにつき、重要な判断の資料を提供し、国民の**「知る権利」**に奉仕するものである。したがって、思想の表明の自由とならんで、事実の報道の自由は、表現の自由を規定した**憲法21条の保障**のもとにあることはいうまでもない。また、このような報道機関の報道が正しい内容をもつためには、報道の自由とともに、報道のための取材の自由も、**憲法21条の精神に照らし、十分尊重**に値するものといわなければならない。

しかし、取材の自由といっても、もとより何らの制約を受けないものではなく、たとえば公正な裁判の実現というような憲法上の要請があるときは、ある程度の制約を受けることのあることも否定することができない。公正な刑事裁判の実現を保障するために、報道機関の取材活動によって得られたものが、証拠として必要と認められるような場合には、取材の自由がある程度の制約を蒙ることとなってもやむを得ない。

第13問　答案例

1　マスメディアの報道の自由

　マスメディアの報道は、事実を知らせるものであるが、報道の自由も、憲法21条で保障されると考える。

　最高裁判所も、博多駅テレビフィルム提出命令事件において[*1]、報道機関の報道は、民主主義社会において、国民が国政に関与するにつき、重要な判断の資料を提供し、国民の知る権利に奉仕するものである。したがって、思想の表明の自由と並んで、事実の報道の自由は、表現の自由を規定した憲法21条の保障の下にあることはいうまでもないと判示している。

2　マスメディアの取材の自由

　また、同じ事件で最高裁は、このような報道機関の報道が正しい内容をもつためには、報道の自由とともに、報道のための取材の自由も、憲法21条の精神に照らし、十分尊重に値するものといわなければならないとしている。すなわち、憲法21条で保障される、とまでは判示していない。[*2]

　しかし、取材の自由も、憲法21条で保障されると考える。報道は、まず取材、次に編集といった一連の過程によって行われるものである以上、取材活動は報道に至るために不可欠の前提となる行為だからである。

3　マスメディアに対するアクセス権

　ここでアクセス権とは、マスメディアに対して、自分の意見を発する場を提供するように要求する権利であり、具体的には、反論文掲載請求権などがある。

　ただし、私企業であるマスメディアに対して、公法である憲法21条の規定から直接にアクセス権の保障を認めることはできない。

　最高裁判所も、サンケイ新聞事件において、私人間において、当事者の一方が情報の収集、管理、処理につき強い影響力をもつ日刊新聞紙を全国的に発行・発売する者である場合でも、憲法21条の規定から直接に、反論文掲載の請求権が他方の当事者に生ずるものでないと判示している。[*3]

以上

[*1] 報道・取材の自由のテーマにおいて、最も重要な判例である。

[*2] もちろん、判例の結論を自説としてもかまわない。

[*3] 反論文掲載請求権については、判例の結論で十分。

第14問 検閲の禁止

頻出度 A　難易度 ★★★

A県知事選挙に立候補を予定していたYは、雑誌「Xジャーナル」に自分の名誉を毀損する記事が掲載される予定であることを知り、裁判所に対して、印刷・出版を差し止める仮処分を申請し、裁判所はこれを認めた。このため、「Xジャーナル」の代表取締役は、本件仮処分およびその申請を不法行為であるとして、Yと国に対して、損害賠償を求める訴えを提起した。

以上の事例を参考にして、次の問題について論ぜよ。

(1) 裁判所の仮処分による事前差止めは、憲法21条2項で禁止される検閲に当たるか。

(2) 仮に、裁判所の仮処分による事前差止めが検閲に当たらないとしても、事前抑制に当たって表現の自由を侵害し、許されないのではないか。

【オリジナル問題】

必須キーワード&フレーズ

検閲　行政権が主体　思想内容等の表現物を対象　発表の禁止を目的　網羅的一般的　発表前　北方ジャーナル事件　事前抑制　厳格かつ明確な要件の下においてのみ許容　表現行為に対する事前差止めは、原則として許されない

考え方

本問で問題となるのは、次の3点！
裁判所の仮処分による事前差止めが、
①憲法21条2項で禁止される検閲に当たるか。
②事前抑制に当たって、許されないのではないか。
③事前差止めが、例外的に許される場合はないか。

まず、検閲の定義から、検閲には当たらないとする。次に、事前抑制には当たるとし、最後に、例外的に許される場合もあるとする。

第14問 検閲の禁止

答案構成

(1) 裁判所の仮処分による事前差止めは、**検閲**に当たるか？
　　当たらない
　　⬇ しかし
(2) **事前抑制**に当たるか？
　　当たる
　　⬇ ただし
　　例外的に許される場合あり（北方ジャーナル事件）

Point

憲法21条2項の検閲禁止は、非常に出題頻度の高い重要テーマである。本問では、北方ジャーナル事件の判決に沿って、検閲→事前抑制→例外の順に、論理的に記述していこう。

小問演習に挑戦！

1　検閲について100字程度で述べよ。
2　次の空欄に入る語句を答えよ。

　　仮処分による事前差止めは、表現物の内容の網羅的一般的な審査に基づく事前規制が行政機関によりそれ自体を目的として行われる場合とは異なり、個別的な私人間の紛争について、司法裁判所により、当事者の申請に基づき差止請求権等の私法上の被保全権利の存否、保全の必要性の有無を審理判断して発せられるものであって、［　ア　］には当たらないものというべきである。

　　表現行為に対する［　イ　］は、新聞、雑誌その他の出版物や放送等の表現物がその自由市場に出る前に抑止してその内容を読者ないし聴視者の側に到達させる途を閉ざし、また、［　イ　］たることの性質上、予測

に基づくものとならざるをえないこと等から事後制裁の場合よりも広汎にわたり易く、濫用の虞があるうえ、実際上の抑止的効果が事後制裁の場合より大きいと考えられるのであって、表現行為に対する［　イ　］は、表現の自由を保障し［　ア　］を禁止する憲法21条の趣旨に照らし、厳格かつ明確な要件のもとにおいてのみ許容されうるものといわなければならない。

　出版物の頒布等の事前差止めは、このような［　イ　］に該当するものであって、とりわけ、その対象が公務員又は公職選挙の候補者に対する評価、批判等の表現行為に関するものである場合には、当該表現行為に対する事前差止めは、原則として許されないものといわなければならない。

小問演習解答

1 **行政権**が主体となって、**思想内容等の表現物**を対象とし、その全部または一部の**発表の禁止**を目的として、対象とされる一定の表現物につき**網羅的一般的**に、**発表前**にその内容を審査した上、不適当と認めるものの発表を禁止すること。

税関検査事件（最大判昭59・12・12）の判旨である。

●検閲とは

主　体	行政権
対　象	思想内容等の表現物
目　的	発表の禁止
方　法	網羅的、一般的
時　期	発表前

2　**ア―検閲　イ―事前抑制**

北方ジャーナル事件（最大判昭61・6・11）の判旨である。

第14問 答案例

1　小問(1)について

　憲法21条2項にいう**検閲**とは、**行政権が主体**となって、思想内容等の表現物を対象とし、その全部または一部の発表の禁止を目的として、対象とされる一定の表現物につき網羅的一般的に、発表前にその内容を審査した上、不適当と認めるものの発表を禁止することを指すと解する（判例同旨）。*1

　そうすると、仮処分による事前差止めは、表現物の内容の網羅的一般的な審査に基づく事前規制が行政機関によりそれ自体を目的として行われる場合とは異なり、個別的な私人間の紛争について、司法裁判所により、当事者の申請に基づき差止請求権等の私法上の被保全権利の存否、保全の必要性の有無を審理判断して発せられるものである。したがって、検閲には当たらないものと考えられる。**北方ジャーナル事件**の判例も同旨である。

2　小問(2)について

　表現行為に対する**事前抑制**は、雑誌その他の出版物や表現物がその自由市場に出る前に抑止してその内容を読者などの側に到達させる途を閉ざし、また、事前抑制であることの性質上、予測に基づくものとならざるをえないこと等から事後制裁の場合よりも広範にわたりやすく、濫用のおそれがあるうえ、実際上の抑止的効果が事後制裁の場合より大きいと考えられる。したがって、**表現行為に対する事前抑制は、表現の自由を保障し検閲を禁止する憲法21条の趣旨からは、厳格かつ明確な要件の下においてのみ許容されうる**ものである。

　出版物の事前差止めは、このような事前抑制に該当するものであって、とくに、その対象が公務員または公職選挙の候補者に対する評価、批判等の表現行為に関するものである場合には、当該表現行為に対する事前差止めは、原則として許されないものと考える。*2

　ただし、そのような場合でも、**その表現内容が真実でなく、またはそれがもっぱら公益を図る目的のものでないことが明白であって、かつ、被害者が重大にして著しく回復困難な損害を被るおそれがあるとき**は、当該表現行為はその価値が被害者の名誉に劣後することが明らかであるうえ、有効適切な救済方法としての差止めの必要性も肯定されるから、例外的に事前差止めが許されるものと考えられる。北方ジャーナル事件の判例も同旨である。*3

以上

*1
検閲の定義をしっかり書く。

*2
原則→例外の構造になるので、その流れを、「～が原則。ただし～」のように答案上も明示する。

*3
答案例は、北方ジャーナル事件の最高裁判決に沿って論述した。

第15問 集会の自由

頻出度 B　難易度 ★★★

　Y市の住民であるXらは、Y市にある市民会館で、近く着工される予定である新空港の建設に反対する集会の開催を企画し、Y市長に対し、Y市の市民会館に関する条例（以下「本件条例」という。）に基づき、使用団体名を「A委員会」として、市民会館のホールの使用許可の申請（以下「本件申請」という。）をした。

　これに対し、Y市長は、当該集会のための市民会館の使用は、本件条例が使用を許可してはならないと定める「公の秩序をみだすおそれがあると認めるとき」及び「管理上支障があると認めるとき」に該当すると判断し、本件申請を不許可とする処分をした。

　この背景には、Xらの組織する活動団体であるA委員会は、新空港の説明会が開催された際に壇上を占拠するなど、かねてより新空港建設反対の立場から過激な活動を行っているほか、従来から他の団体と対立抗争中で、数年前には、他の団体の主催する集会に乱入し、人身に危害を加えるという事件を起こしているという事情があった。

　以上の事例に関し、次の問いに答えよ。

(1) Y市長の不許可処分を不満とするXは、憲法上、どのような主張をなし得るか。

(2) (1)で述べたXの主張は認められるか。　【平成23年度・国税専門官】

（参考）
　Y市の市民会館に関する条例
（使用の許可等）
第3条　市民会館を使用しようとする者は、あらかじめ市長の許可を受けなければならない。
　ただし、次の各号のいずれかに該当するときは、使用を許可しない。
　　一　公の秩序をみだすおそれがあると認めるとき。
　　二　施設、附属設備その他器具備品等を汚損し、破損し、又は滅失するおそれがあると認めるとき。
　　三　管理上支障があると認めるとき。
　　四　その他指定管理者が適当でないと認めるとき。
地方自治法
（公の施設）
第244条　普通地方公共団体は、住民の福祉を増進する目的をもつてその利用に供するため

の施設（これを公の施設という。）を設けるものとする。
　2　普通地方公共団体（次条第三項に規定する指定管理者を含む。次項において同じ。）は、正当な理由がない限り、住民が公の施設を利用することを拒んではならない。
　3　普通地方公共団体は、住民が公の施設を利用することについて、不当な差別的取扱いをしてはならない。

必須キーワード&フレーズ

公の施設　集会の自由　合憲性審査基準　二重の基準論　厳格な基準　公の秩序をみだすおそれ　限定解釈　明らかな差し迫った危険の発生が具体的に予見される

考え方

本問で問題となるのは、次の2点！
① 集会の自由の制約に対する合憲性審査基準
② 「公の秩序をみだすおそれがあると認めるとき」の合憲性

　まず、合憲性審査基準として、集会の自由が精神的自由に属することから、厳格な基準を適用する。次に、「公の秩序をみだすおそれがあると認めるとき」を、限定解釈して、明白かつ現在の危険の基準の趣旨から合憲とする。

答案構成

(1) Xの主張：集会の自由に反する
(2) Xの主張の肯否
　・集会の自由の制約に対する合憲性審査基準
　・「公の秩序をみだすおそれがあると認めるとき」
　　⬇限定解釈して
　　合憲→Xの主張は認められない

> **Point**
> 泉佐野市民会館事件は、本問のような事例問題で出題されやすい判例である。判例のポイントとなる二重の基準論（厳格な基準）、明白かつ現在の危険の基準を確実に押さえておこう。

小問演習に挑戦！

1. 二重の基準論について40字以内で述べよ。
2. 次の空欄に入る語句を答えよ。

    本件条例による本件会館の使用の規制は、このような較量によって必要かつ合理的なものとして肯認される限りは、集会の自由を不当に侵害するものではなく、したがって、憲法21条に違反するものではない。このような較量をするに当たっては、集会の自由の制約は、基本的人権のうち［　ア　］を制約するものであるから、経済的自由の制約における以上に［　イ　］の下にされなければならない。

小問演習解答

1. 精神的自由の制約の審査は、経済的自由の制約より**厳格な基準**でしなければならない。
2. ア―精神的自由　イ―厳格な基準

    泉佐野市民会館事件の判旨である。**二重の基準論**を採用している。

判例

泉佐野市民会館事件（最判平7・3・7）

集会の自由の制約は、基本的人権のうち**精神的自由を制約するものであるから、経済的自由の制約における以上に厳格な基準**の下にされなければならない。
危険性の程度としては、単に危険な事態を生ずる蓋然性があるというだけでは足りず、**明らかな差し迫った危険の発生が具体的に予見**されることが必要である。

第15問　答案例

(1) Xの憲法上の主張

本問において、市民会館という**公の施設**の使用制限と憲法21条が保障する**集会の自由**との関係が問題となる。

そこで、Y市長の不許可処分を不満とするXが、憲法上なし得る主張としては、本件条例および本件不許可処分が憲法21条の集会の自由に違反する、との主張が考えられる。＊1

(2) Xの主張の肯否

Xの主張が認められるか否かについて、まず問題となるのは、集会の自由の制約に対する**合憲性審査基準**である。

公の施設の利用を拒否できるのは、施設をその集会のために利用させることによって、他の人権が侵害され、公共の福祉が損なわれる危険がある場合に限られるべきであり、危険を回避、防止するために、その施設における集会の開催が必要、合理的な範囲で制限を受けることはある。そして、その制限が許されるか否かは、集会の自由の重要性と、当該集会が開かれることによって侵害されることのある他の人権の内容や侵害発生の危険性の程度等を較量して決せられるべきである。本件条例3条による規制は、このような較量によって必要、合理的なものと認められる限りは、集会の自由を不当に侵害するものではなく、憲法21条に違反しないと考えられる。

このような較量をするに当たって、集会の自由の制約は、**人権のうち精神的自由を制約するものであるから**、**二重の基準論**、すなわち、**経済的自由の制約における以上に厳格な基準の下にされなければならない**と考える。

次に問題となるのは、条例で「公の秩序をみだすおそれがあると認めるとき」と定めることが合憲か否かである。

同号は、広義の表現を採っているが、本件会館における集会の自由を保障することの重要性よりも、会館で集会が開かれることによって、人の生命、身体、財産が侵害され、公共の安全が損なわれる危険を回避、防止することの必要性が優越する場合をいうと**限定解釈**すべきであり、その危険性の程度としては、単に危険な事態を生ずる蓋然性があるというだけでは足りず、**明らかな差し迫った危険の発生が具体的に予見されることが必要**であると解する。＊2 このように解釈する限り、本件規制は、憲法21条に違反しないと考える。

以上から、Xの主張は認められないと考える。＊3

以上

＊1
まず、問題文に照らして、Xの憲法上の主張を明示する。

＊2
厳格な基準のうちの、「明白かつ現在の危険の基準」の趣旨から、合憲を導こう。

＊3
事例問題なので、忘れずに結論を書こう！

第16問 営業の自由

頻出度 A　難易度 ★★★

次に掲げる2つの最高裁判所判例は、何れも適正配置規制が憲法第22条第1項に違反しないか否かに関するものであるが、一方は違憲、他方は合憲と判断が分かれた。判断の違いにつき論じなさい。

ケース1
「（本件）適正配置規制は、主として国民の生命及び健康に対する危険の防止という消極的、警察的目的のための規制措置であり、そこで考えられている薬局等の過当競争及びその経営の不安定化の防止も、それ自体が目的ではなく、あくまでも不良医薬品の供給の防止のための手段であるにすぎないものと認められる。（中略）本件適正配置規制は、（中略）全体としてその必要性と合理性を肯定しうるにはなお遠いものであり、この点に関する立法府の判断は、その合理的裁量の範囲を超えるものであるといわなければならない。（本件適正配置規制は、違憲無効）」（最大判昭和50年4月30日民集29巻4号572頁）

ケース2
「公衆浴場業者が経営の困難から廃業や転業をすることを防止し、健全で安定した経営を行えるように種々の立法上の手段をとり、国民の保健福祉を維持することは、まさに公共の福祉に適合するところであり、（中略）適正配置規制及び距離制限も、その手段として十分の必要性と合理性を有していると認められる。もともと、このような積極的、社会経済政策的な規制目的に出た立法については、立法府のとった手段がその裁量権を逸脱し、著しく不合理であることの明白な場合に限り、これを違憲とすべきである（本件適正配置規制は、合憲。）（最判平成元年1月20日　刑集43巻1号1頁）」

なお、昭和30年1月26日の最高裁判所大法廷判決（刑集9巻1号89頁）において、既に公衆浴場法による適正配置規制は合憲とされている。

【平成20年度・岩手県】

（参照条文）
【憲法】
第22条　何人も、公共の福祉に反しない限り、居住、移転及び職業選択の自由を有する。
【公衆浴場入浴料金の統制額の指定等に関する省令】
第1条　公衆浴場入浴料金は、国民生活安定緊急措置法（昭和48年法律第121号）附則第4条の規定によりなお従前の例によることとされている統制額の指定をすることができる価格等とする。

第16問 営業の自由

2　前項の公衆浴場入浴料金の区分は、次のとおりとする。
　一　十二才以上の者についての入浴料金
　二　六才以上十二才未満の者一人についての入浴料金
　三　六才未満の者一人についての入浴料金

必須キーワード&フレーズ

営業の自由　消極目的　積極目的　国民の生命および健康に対する危険を防止する目的　同じ目的を達成できる、より緩やかな規制手段がない場合　社会的、経済的弱者を保護する目的　目的二分論　厳格な合理性の基準　当該規制手段が著しく不合理であることが明白　明白性の原則　国会の判断の尊重

考え方

本問で問題となるのは、次の２点！
①消極・積極の２つの規制目的
②それぞれで異なる審査基準

　まず、規制目的が、消極目的と積極目的の２つに分かれると説明する。次に、消極目的では厳格な合理性の基準、積極目的では明白性の原則を使用すると説明する。いずれも専門用語なので、正確にその内容を書く。

答案構成

1　規制の目的
　①消極目的と②積極目的
　　↓
2　規制の合憲性審査基準（目的二分論）
　①厳格な合理性の基準と②明白性の原則
　　↓
　本問の結論

> **Point**
> 憲法22条1項の営業の自由規制立法の合憲性審査基準の問題では、判例の目的二分論、すなわち、消極目的では厳格な合理性の基準、積極目的では明白性の原則を正確に書こう。

小問演習に挑戦！

1 消極目的と積極目的について60字以内で述べよ。
2 厳格な合理性の基準と明白性の原則について100字以内で述べよ。
3 次の空欄に入る語句を答えよ。

　　許可制が社会政策ないしは経済政策上の［　ア　］的な目的のための措置ではなく、自由な職業活動が社会公共に対してもたらす弊害を防止するための［　イ　］的、警察的措置である場合には、許可制に比べて職業の自由に対するより緩やかな制限である職業活動の内容及び態様に対する規制によっては右の目的を十分に達成することができないと認められることを要する。

小問演習解答

1 **消極目的**は、主として国民の生命・健康に対する危険を防止する目的。**積極目的**は、とくに社会的経済的弱者を保護する目的。
2 厳格な合理性の基準は、同じ目的を達成できる、より緩やかな規制手段がない場合に限って合憲とする。明白性の原則は、当該規制手段が著しく不合理であることが明白である場合に限って違憲とする。
3 ア─積極　イ─消極
　薬局距離制限事件（最大判昭50・4・30）の判旨である。

●目的二分論

規制目的	合憲性審査基準	判例
消極目的	厳格な合理性の基準	薬局距離制限事件（違憲）
積極目的	明白性の原則	公衆浴場距離制限事件（合憲）

第16問 答案例

1 規制の目的

　判例が、いずれも適正配置規制であるにもかかわらず、一方は違憲、他方は合憲と判断が分かれたのは、まず、ケース１と２で、規制の目的が異なるからであると考えられる。[*1]

　営業の自由の規制目的は、大きく分けて、**消極目的**と**積極目的**の２つに分かれる。**消極目的とは、主として国民の生命および健康に対する危険を防止する目的をいい**、**積極目的とは、とくに社会的、経済的弱者を保護する目的をいう**。

　本問において、引用部分から、ケース１の判例は消極目的の規制であるが、ケース２の判例は積極目的の規制である。

2 規制の合憲性審査基準

　そして、判例は、合憲性審査基準を、前記の規制目的に応じて、二種類に分けて使用している。**目的二分論**である。

　消極目的の規制では、同じ目的を達成できる、より緩やかな規制手段がない場合に限って合憲とする**厳格な合理性の基準**を用いる。[*2] これは、違憲の判断を導きやすい、やや厳しい基準である。積極目的の規制では、当該規制手段が著しく不合理であることが明白である場合に限って違憲とする**明白性の原則**を用いる。これは、合憲の判断を導きやすい、緩やかな基準である。

　このように判例が、異なる審査基準を使用するのは、**営業の自由については、中小企業保護などの政策的な配慮に基づいて積極的な規制を加えることが必要とされる場合があり、そういった必要性に基づいて制定された積極目的の立法は、国会の判断を尊重して、できる限り合憲とすべきだからである**。

3 結論

　したがって、ケース１の薬局の適正配置規制は、消極目的であるから、厳格な合理性の基準を用いて違憲となる。これに対して、ケース２の公衆浴場の適正配置規制は、積極目的であるから、明白性の原則を用いて合憲となる。

　以上が、判例の判断に違いが生じた理由であると考える。[*3]

以上

[*1] 問題文では判断の違いが問われているので、答案の冒頭で、端的にその理由を答える。

[*2] 同判例における、より緩やかな規制手段の具体例（行政上の取締りの強化）の説明は省略した。

[*3] 答案の最後でも、しっかり問いに答える！

第17問　財産権①

頻出度 B　難易度 ★☆☆

財産権の保障について説明せよ。　　　【平成20年度・東京都】

必須キーワード&フレーズ

個人の現有する具体的な財産権の保障　私有財産制度の保障　公共の福祉　奈良県ため池条例事件　正当な補償　特別の犠牲　完全補償説　相当補償説　農地改革事件　河川附近地制限令事件

考え方

本問で問題となるのは、次の3点！
①憲法29条1項の意味
②同条2項の制約
③同条3項の補償

まず、1項について人権と制度の2つを書き、次に2項について条例による制約を書く（判例）。最後に3項についての論点、つまり補償の要否、正当な補償の意味（判例）、補償規定を欠く場合（判例）について記述する。

答案構成

1　憲法29条1項の意味
　①財産権の保障　②私有財産制度の保障
　↓
2　同条2項の制約
　条例による制約　○
　　判例：奈良県ため池条例事件
　↓
3　同条3項の補償
　補償の要否は？
　　特別犠牲説

第17問 財産権①

(1) 正当な補償とは？
　　原則、完全補償　例外、相当補償
　　　　判例：農地改革事件
(2) 補償規定がない場合は？
　　直接請求
　　　　判例：河川附近地制限令事件

Point
憲法29条の財産権の保障において、1項では意味（内容）、2項では条例による制約が大切だが、農地改革事件における「正当な補償」の意味など、とくに3項の論点が非常に大切である。

小問演習に挑戦！

1　憲法29条1項の意味は何か。
2　補償の要否について60字以内で述べよ。
3　次の空欄に入る語句を答えよ。

　　憲法29条3項にいうところの財産権を公共の用に供する場合の［　ア　］な補償とは、その当時の経済状態において成立すると考えられる価格に基づき、合理的に算出された［　イ　］な額をいうのであって、必ずしも常にかかる価格と［　ウ　］に一致することを要するものでないと解する。

小問演習解答

1　個人の現有する具体的な財産権の保障と、私有財産制度の保障。
2　財産権に内在する社会的制約の場合には補償は不要だが、それを超えて特定の個人に**特別の犠牲**を加えた場合には補償が必要。
3　ア―正当　イ―**相当**　ウ―完全
　　農地改革事件の判旨である。

完全補償説	当該財産の市場価格の全額
相当補償説	当該財産について合理的に算出された相当な額

判例

奈良県ため池条例事件（最大判昭38・6・26）

ため池の破損、決かいの原因となるため池の堤とうの使用行為は、憲法でも、民法でも適法な財産権の行使として保障されていないものであって、憲法、民法の保障する財産権の行使のらち外にあるものというべく、これらの行為を**条例をもって禁止、処罰しても憲法および法律に抵触または逸脱するものとはいえない。**

農地改革事件（最大判昭28・12・23）

憲法29条3項にいう財産権を公共の用に供する場合の正当な補償とは、その当時の経済状態において成立すると考えられる価格に基き、**合理的に算出された相当な額**をいうのであって、必ずしも常にかかる価格と完全に一致することを要するものでない。

河川附近地制限令事件（最大判昭43・11・27）

河川附近地制限令4条2号による制限について同条に損失補償に関する規定がないからといって、同条があらゆる場合について一切の損失補償を全く否定する趣旨とまでは解されず、その損失を具体的に主張立証して、別途、**直接憲法29条3項を根拠にして、補償請求**をする余地が全くないわけではない。

第17問　答案例

1　憲法29条1項[*1]

　財産権は、これを侵してはならないと規定されている。

　これは、**個人の現有する具体的な財産権の保障**と、**私有財産制度の保障**の2つを意味する。

2　同条2項

　財産権の内容は、**公共の福祉**に適合するように、法律でこれを定めると規定されている。

　これは、財産権が、「法律」によって制約されるものであることを示した規定である。そこで、条例によって財産権を制約することができるかが問題となる。

　条例は地方議会において制定される法であり、民主主義的な性格を有するので、財産権を制約することができると解する。判例も、**奈良県ため池条例事件**で、財産権を制約する条例を結論として合憲としている。[*2]

3　同条3項

　私有財産は、**正当な補償**の下に、これを公共のために用いることができると規定されている。

　これは、私有財産も公共のために収用または制限することができることと、その際には正当な補償が必要だとするものである。

　まず、どのような場合に補償が必要となるかが問題となる。**財産権に内在する社会的制約の場合には補償は不要であるが、それを超えて特定の個人に特別の犠牲を加えた場合には補償が必要で**あると考える。

　次に、「正当な補償」とは何かが問題となる。この点、**完全補償説**は、当該財産の市場価格を全額補償すべきとするが、**相当補償説**は、当該財産について合理的に算出された相当な額であれば足りるとする。**原則として完全補償を要するが、農地改革のような例外的な場合には、相当補償でよい**と考える。判例も、**農地改革事件**では、相当補償説をとっている。[*3]

　最後に、関係法令に補償規定がない場合にどうすべきかが問題となるが、直接憲法29条3項を根拠にして補償請求をすることができると解する。判例も、**河川附近地制限令事件**で同旨である。

　　　　　　　　　　　　　　　　　　　　　　　　以上

[*1] 憲法29条の条文が1項〜3項からなるのでそれに沿って、1、2、3と見出しを立てよう。

[*2] その他、2項に関する重要判例には、森林法共有林事件の違憲判決もある（最大判昭62・4・22）。

[*3] ただし、判例は、土地収用法事件（最判昭48・10・18）では、完全補償説をとったことに注意が必要。

第18問 財産権②

頻出度 B　難易度 ★★★

Yは、A河川付近地の所有権を取得して、業として砂利を採取していた。ところで、河川の氾濫等の災害を防止するために河川付近地の利用を許可制とし、県知事の許可を受けなければ利用できないこととするB法律があり、B法律の適用を受ける区域として県知事CはYの所有地を含む区域を指定したため、Yの砂利採取地の利用が制限されることになった。しかし、Yはその後も無許可で砂利を採取し続けたため、河川付近地の無許可利用の罪で起訴された。
以上の事例において、Yが主張し得る憲法上の論点を列挙し、それぞれの当否について論ぜよ。

【平成17年度・国家Ⅰ種】

必須キーワード&フレーズ

憲法29条　公共の福祉　特別の犠牲　直接憲法29条3項を根拠として補償請求　河川附近地制限令事件

考え方

本問で問題となるのは、次の2点！
①B法律が違憲か
②補償規定のない場合

まず、B法律を、公共の福祉から合憲とする。次に、補償の要否について特別犠牲説をとったうえで、河川附近地制限令事件の判例のポイントである直接憲法を根拠にした請求ができることを書く。

答案構成

1　Yが主張し得る憲法上の論点
　①無許可利用罪は、憲法29条違反
　②補償が必要→法律に補償規定がない場合は、同条3項違反
　↓

2 ①の主張
　　公共の福祉から合憲
　　↓
3 ②の主張
　　補償の要否は、**特別犠牲説**→補償規定なくても、**直接請求可**
　　判例：河川附近地制限令事件

Point

素材となった河川附近地制限令事件は、択一式試験でもよく出る判例である。したがって、最終的な結論（補償請求が可能）は択一レベルの基本知識なので、記述では、結論を導くための問題提起やあてはめを丁寧に書こう。

小問演習に挑戦！

1　特別の犠牲の判断基準について70字以内で述べよ。
2　次の空欄に入る語句を答えよ。

　　河川附近地制限令4条2号による制限について同条に損失補償に関する規定がないからといって、同条があらゆる場合について一切の損失補償を全く否定する趣旨とまでは解されず、その損失を具体的に主張立証して、別途、[　　]憲法29条3項を根拠にして、補償請求をする余地が全くないわけではないから、単に一般的な場合について、当然に受忍すべきものとされる制限を定めた同令4条2号およびこの制限違反について罰則を定めた同令10条の各規定を直ちに違憲無効の規定と解すべきではない。

小問演習解答

1　侵害行為が、特定の個人・集団に対してか否か、および、受忍すべき限度を超えた強度なものか否か、の2点を総合的に考慮して判断する。
2　**直接**
　河川附近地制限令事件の判旨である。

●森林法共有林事件（最大判昭62・4・22）

　第17問でも扱った判例以外の重要判例である**森林法共有林事件**は、難易度が非常に高いため、記述式では出題されにくいが、択一式試験ではもちろん要注意の判例である。
　判例は、憲法29条2項に関して、森林の共有者による分割請求を禁止していた森林法186条の規定について、不合理で不必要であり、立法府の裁量を超えるとして、違憲と判示している。

判 例

第17問の河川附近地制限令事件を参照。

第18問　答案例

1　Yが主張し得る憲法上の論点

本問の事例において、Yが主張し得る憲法上の論点としては、類似の判例のケースに照らし、次のものが考えられる。[*1]

①本件の河川付近地の無許可利用の罪が、**憲法29条**に違反する。仮に、違反しない場合であっても、②本件の利用制限の場合には同条3項の補償が必要であり、B法律に補償規定がないときは、同条3項に違反する。

2　①の主張について

本件の河川付近地の無許可利用の罪が、Yの財産権を保障する29条2項に違反するか。

同条項は、**公共の福祉**によって、財産権が制約されることを明示している。B法律は、河川の氾濫等の災害を防止するための規制であり、公共の福祉の見地から、許される制約であると解される。

したがって、憲法29条に違反せず、①の主張は妥当でないと考える。[*2]

3　②の主張について

(1)　まず、どのような場合に同条3項の補償が必要とされるか。

この点、財産権に内在する社会的制約の場合には補償は不要であるが、それを超えて特定の個人に**特別の犠牲**を加えた場合には補償が必要であると解する。そして、**特別の犠牲とは、侵害行為が、特定の個人・集団に対してか否か、および、受忍すべき限度を超えた強度なものか否か、の2点を総合的に考慮して判断すべきである。**

本件の場合、指定された区域内という特定の集団のみが対象となり、また、砂利の採取禁止という強度のものであるので、特別の犠牲に当たると考えられる。

(2)　次に、特別の犠牲に当たる場合には補償が必要となるが、それにもかかわらず、もし、B法律に補償規定がないときは、同条3項に違反するか。

違反しないと考える。たとえ、法律上、補償規定を欠く場合であっても、**直接憲法29条3項を根拠として、補償請求をすることができる**からである。判例も、本問と類似のケースである**河川附近地制限令事件**で同旨である。

以上から、②の主張も妥当でないと考える。

以上

[*1] 問題文で、「主張し得る論点を列挙し」とあるので、最初に、丁寧に論点を挙げる。

[*2] 問題文で、「主張し得る論点の当否について論ぜよ」とあるので、最後に、しっかり当否を答える。

第19問 法定手続の保障

頻出度 A　難易度 ★★

憲法第31条は、「何人も、法律の定める手続によらなければ、その生命若しくは自由を奪われ、又はその他の刑罰を科せられない。」と定めているが、①「法律の定める手続」の意味、②本条と行政手続との関係について論ぜよ。

【平成16年度・国税専門官】

必須キーワード&フレーズ

手続の法定　手続の適正　実体の法定　実体の適正　告知と聴聞を受ける権利　弁解と防御の機会　第三者所有物没収事件　31条による保障は、行政手続にも原則として及ぶ　成田新法事件

考え方

本問で問題となるのは、次の2点！
① 「法律の定める手続」の意味
② 憲法31条と行政手続との関係

まず、「法律の定める手続」の意味について、文言上の1点（手続の法定）のみでなく、その他に3点、意味することを書く。次に、行政手続との関係にも、原則として及ぶことと、その例外を書く。

答案構成

1　「法律の定める手続」の意味は？
　①手続の法定
　　⬇さらに
　②手続の適正（告知と聴聞、判例：第三者所有物没収事件）
　③実体の法定
　④実体の適正
2　憲法31条と行政手続との関係は？
　原則、憲法31条を行政手続に適用

第19問 法定手続の保障

例外あり　判例：成田新法事件

> **Point**
> 憲法31条の「法律の定める手続」では4つの意味を正確に押さえよう。そして、行政手続との関係では、成田新法事件から、原則として本条が適用されることになる。

小問演習に挑戦！

1　「法律の定める手続」の意味について30字以内で述べよ。
2　告知と聴聞を受ける権利について60字以内で述べよ。
3　次の空欄に入る語句を答えよ。

　　憲法31条の定める法定手続の保障は、直接には刑事手続に関するものであるが、［　ア　］については、それが刑事手続ではないとの理由のみで、そのすべてが当然に同条による保障の枠外にあると判断することは相当ではない。しかしながら、同条による保障が及ぶと解すべき場合であっても、一般に、［　ア　］は、刑事手続とその性質においておのずから差異があり、また、行政目的に応じて多種多様であるから、行政処分の相手方に事前の［　イ　］、弁解、防御の機会を与えるかどうかは、行政処分により制限を受ける権利利益の内容、性質、制限の程度、行政処分により達成しようとする公益の内容、程度、緊急性等を総合較量して決定されるべきものであって、常に必ずそのような機会を与えることを必要とするものではないと解する。

小問演習解答

1　**手続の法定と適正**および**実体の法定と適正**を意味する。

	法定	適正
手続	◎（31条の文言）	○（解釈）
実体	○（解釈）	○（解釈）

手続が法律で定められる（31条）だけでなく、手続内容が適正でなければ

ならないこと、実体も法律で定められなければならないこと、実体内容も適正でなければならないということである。
2 　刑罰などの不利益を科す場合には、当事者にあらかじめその内容を告知し、弁解と防御の機会を与えなければならない。
3 　ア―**行政手続**　イ―**告知**
　　成田新法事件の判旨である。

判例

第三者所有物没収事件（最大判昭37・11・28）
第三者の所有物を没収する場合において、その没収に関して当該所有者に対し、何ら**告知、弁解、防御の機会**を与えることなく、その所有権を奪うことは、著しく不合理であって、憲法の容認しないところであるといわなければならない。

成田新法事件（最大判平4・7・1）
憲法31条の定める法定手続の保障は、直接には刑事手続に関するものであるが、**行政手続については、それが刑事手続ではないとの理由のみで、そのすべてが当然に同条による保障の枠外にあると判断することは相当ではない**。しかしながら、行政手続は、刑事手続とその性質においておのずから差異があり、行政目的に応じて多種多様であるから、行政処分の相手方に事前の告知、弁解、防御の機会を与えるかどうかは、行政処分により制限を受ける権利利益の内容、性質、制限の程度、行政処分により達成しようとする公益の内容、程度、緊急性等を総合較量して決定されるべきものであって、常に必ずそのような機会を与えることを必要とするものではない。

第19問　答案例

1　①「法律の定める手続」の意味

憲法31条は、文言上は、法律関係ないし権利義務関係を実現するための手続が法律で定められなければならないこと（手続の法定）を要求するのみに読める。[*1]

しかし、手続が法定されているだけでは無意味なので、法定された手続が適正でなければならないこと（手続の適正）も意味する。

さらに、手続が法定され、適正であるだけでは無意味なので、法律関係ないし権利義務関係の実質的な内容である実体も法律で定められなければならないこと（実体の法定）、法定された実体が適正でなければならないこと（実体の適正）をも意味すると解する。

そして、手続の適正の具体的な内容として重要なのは、告知と聴聞を受ける権利である。これは、刑罰などの不利益を科す場合には、当事者にあらかじめその内容を告知し、弁解と防御の機会を与えなければならないとするものである。判例も、第三者所有物没収事件において、この権利を認めている。[*2]

2　②憲法31条と行政手続との関係

憲法31条は、「刑罰を科せられない」という文言から、直接には刑罰を科す手続である刑事手続についての規定である。[*1]

しかし、告知と聴聞を受ける権利などの31条による保障は、行政手続にも原則として及ぶと解する。ただし、同条の保障が及ぶと解する場合でも、行政手続は、刑事手続と性質に差があり、行政目的に応じて多種多様だから、行政処分の相手方に事前の告知、弁解、防御の機会を与えるか否かは、行政処分により制限を受ける権利利益の内容、制限の程度、達成しようとする公益の内容、程度、緊急性などを総合較量して決定されるべきであって、常に必ずその機会を与えることは要しないと解される。

判例も、成田新法事件において、31条の行政手続への適用を原則的に認めている。[*2]

以上

[*1] まず、条文の文言から、問題を提起する（②の論点も同様である）。

[*2] その他に、明確性の原則に関する徳島市公安条例事件（第20問参照）などもあるが、この2つの判例が必須である。

第20問 罪刑法定主義

頻出度 B　難易度 ★★★

罪刑法定主義に関して、以下の問いに答えなさい。
① 罪刑法定主義の憲法上の意義及び根拠について説明しなさい。
② 地方自治法第14条第3項は「普通地方公共団体は、法令に特別の定めがあるものを除くほか、その条例中に、条例に違反した者に対し、2年以下の懲役若しくは禁錮、100万円以下の罰金、拘留、科料若しくは没収の刑又は5万円以下の過料を科する旨の規定を設けることができる。」として、条例による罰則制定を包括的に認めているが、そのことが罪刑法定主義に反しないか論じなさい。

【平成19年度・国家Ⅰ種】

必須キーワード&フレーズ

法律なければ犯罪なし、法律なければ刑罰なし　憲法31条　実体も法律で定められなければならない　実体も適正でなければならない　明確性の原則　徳島市公安条例事件　あいまい不明確のゆえに憲法31条に違反し無効　憲法39条　遡及処罰の禁止　憲法73条6号但書　法律の授権が相当な程度に具体的であり、限定されていれば足りる

考え方

本問で問題となるのは、次の2点！
①罪刑法定主義の憲法上の意義・根拠
②条例による罰則規定の合憲性

　まず、罪刑法定主義の根拠として、憲法31条と39条の内容を説明する。特に31条をしっかり論じる。次に、地方自治法14条3項の合憲性について、判例の立場で論じる。

答案構成

1 罪刑法定主義の憲法上の意義・根拠

　　憲法31条
　　　・実体の法定
　　　・実体の適正（**明確性の原則**、判例：徳島市公安条例事件）
　　憲法39条
　　　遡及処罰の禁止

　↓

2 条例による罰則規定の合憲性は？
　　法律の授権が相当な程度に具体的で、限定されていればよい（判例：条例による罰則）

Point

刑法の原則である罪刑法定主義の憲法上の根拠としては、とくに憲法31条が大切である。また、条例による罰則規定の合憲性については、判例の立場で論じて、地方自治法14条3項を合憲としよう。

小問演習に挑戦！

1　明確性の原則について、判例に照らし50字以内で述べよ。
2　遡及処罰の禁止について、条文に照らし30字以内で述べよ。
3　次の空欄に入る語句を答えよ。

　　条例は、法律以下の法令といっても、公選の議員をもって組織する地方公共団体の議会の議決を経て制定される自治立法であって、行政府の制定する命令等とは性質を異にし、むしろ国民の公選した議員をもって組織する国会の議決を経て制定される法律に類するものであるから、条例によって刑罰を定める場合には、法律の［　　］が相当な程度に具体的であり、限定されておれば足りると解するのが正当である。

小問演習解答

1 刑罰法規の定める犯罪構成要件があいまい**不明確**の場合には、憲法31条に違反し無効である。
2 実行の時に適法であった行為は、刑事上の責任を問われない。
3 授権

> 法律の授権は必要か？
> 　　　　必要　➡　その程度は？
> 　　　　　　　　　相当に具体的・限定的

判例

徳島市公安条例事件（最大判昭50・9・10）

刑罰法規の定める犯罪構成要件が**あいまい不明確のゆえに憲法31条に違反し無効**であるとされるのは、その規定が通常の判断能力を有する一般人に対して、禁止される行為とそうでない行為とを識別するための基準を示すところがないからである。

条例による罰則（最大判昭37・5・30）

条例は、法律以下の法令といっても、公選の議員をもって組織する地方公共団体の議会の議決を経て制定される自治立法であって、行政府の制定する命令等とは性質を異にし、むしろ国民の公選した議員をもって組織する国会の議決を経て制定される法律に類するものであるから、条例によって刑罰を定める場合には、**法律の授権が相当な程度に具体的であり、限定されておればたりる**。

第20問　答案例

1　①について

　罪刑法定主義とは、法律なければ犯罪なし、法律なければ刑罰なしといわれる近代刑法の大原則である。

　罪刑法定主義の憲法上の意義および根拠としては、まず憲法31条が挙げられる。*1 31条は、手続が法律で定められなければならないことを要求するのみでなく、手続が適正でなければならないこと、実体も法律で定められなければならないこと、実体も適正でなければならないことを意味すると解される。このうちの、実体も法律で定められなければならないという実体の法定が、罪刑法定主義の表れである。また、法律の実体も適正でなければならないという実体の適正から、罪刑法定主義の派生原則である明確性の原則が導かれる。判例も、徳島市公安条例事件において、刑罰法規の定める犯罪構成要件があいまい不明確のゆえに憲法31条に違反し無効であるとされる場合があることを認めている。

　また、憲法39条も、実行の時に適法であった行為については、刑事上の責任を問われないとして、罪刑法定主義の派生原則である遡及処罰の禁止を規定している。*2

2　②について

　憲法31条は、法律によらない科刑を禁止しており、憲法73条6号但書も、法律の委任なしに政令に罰則を設けることを禁止している。*3 そこで、地方自治法14条3項の規定、すなわち、条例による罰則制定を包括的に認めていることが、罪刑法定主義に反しないかが問題となる。

　条例は住民代表である地方議会の議決によって制定される民主的な立法であり、法律に準ずるものであるから、条例によって刑罰を定める場合には、法律の授権が相当な程度に具体的であり、限定されていれば足りると解する。判例も同旨である。

　そうだとすると、地方自治法14条3項のように限定された罰則の範囲内において、条例で罰則を定めることができるとしたのは、憲法31条の法律の定める手続によって刑罰を科すものということができる。

　したがって、罪刑法定主義に反しないと考える。

　　　　　　　　　　　　　　　　　　　　　　　　　　以上

*1
憲法31条は、「何人も、法律の定める手続によらなければ、その生命若しくは自由を奪われ、又はその他の刑罰を科せられない」と規定している。

*2
憲法39条は、「何人も、実行の時に適法であつた行為…については、刑事上の責任を問はれない」と規定している。

*3
憲法73条6号但書は、「政令には、特にその法律の委任がある場合を除いては、罰則を設けることができない」と規定している。

第21問 被疑者などの権利

頻出度 C　難易度 ★★

憲法第35条1項は「何人も、その住居、書類及び所持品について、侵入、捜索及び押収を受けることのない権利は、第三十三条の場合を除いては、正当な理由に基いて発せられ、且つ捜索する場所及び押収する物を明示する令状がなければ、侵されない。」として、住居等の不可侵を保障している。また、第38条1項は「何人も、自己に不利益な供述を強要されない。」として、自己負罪の拒否を保障している。

以上に関して、第35条1項と第38条1項の法意について説明した上で、住居等の不可侵と自己負罪の拒否の保障は行政手続にも及ぶか、論じなさい。

【オリジナル問題】

必須キーワード&フレーズ

捜索・差押令状　現行犯逮捕と令状逮捕　黙秘権　行政手続　川崎民商事件

考え方

本問で問題となるのは、次の3点！
①第35条1項の法意
②第38条1項の法意
③行政手続への適用

まず、35条1項の住所等の不可侵について説明する。次に、38条1項の自己負罪拒否の保障について説明する。最後に、川崎民商事件の立場で、行政手続にも及びうることを書こう。

第21問 被疑者などの権利

答案構成

1 第35条1項の法意
　住居等の不可侵
　　例外（特に、**33条の場合**）
　　↓
2 第38条1項の法意
　自己負罪拒否の保障
　　黙秘権
　　↓
3 行政手続への適用は？
　35条1項・38条1項ともに及びうる
　　判例：**川崎民商事件**

Point

憲法35条1項は住居等の不可侵、憲法38条1項は自己負罪拒否の保障である。両条項の行政手続への適用については、川崎民商事件の判例をしっかり押さえておこう。同判例は、行政法でも重要である！

小問演習に挑戦！

1 憲法33条の逮捕される2つの場合とは何か。
2 憲法38条1項を受けて、刑事訴訟法は、何を保障しているか。
3 次の空欄に入る語句を答えよ。
　　憲法38条1項による保障は、純然たる［　　　］においてばかりではなく、それ以外の手続においても、実質上、刑事責任追及のための資料の取得収集に直接結びつく作用を一般的に有する手続には、ひとしく及ぶものと解するのを相当とする。しかし、旧所得税法70条10号、12号、63条の各規定そのものが憲法38条1項にいう「自己に不利益な供述」を強要する

ものとすることはできない。

小問演習解答

1. 現行犯逮捕と令状逮捕
2. 黙秘権
3. 刑事手続

川崎民商事件の判旨である。

判例

川崎民商事件（最大判昭47・11・22）

憲法35条１項の規定は、本来、主として刑事責任追及の手続における強制について、それが司法権による事前の抑制の下におかれるべきことを保障した趣旨であるが、**当該手続が刑事責任追及を目的とするものでないとの理由のみで、その手続における一切の強制が当然に右規定による保障の枠外にあると判断することは相当ではない**。しかしながら、旧所得税法に規定する検査は、あらかじめ裁判官の発する令状によることをその一般的要件としないからといって、これを憲法35条の法意に反するものとすることはできない。

憲法38条１項による保障は、**純然たる刑事手続においてばかりではなく、それ以外の手続においても、実質上、刑事責任追及のための資料の取得収集に直接結びつく作用を一般的に有する手続には、ひとしく及ぶものと解する**のを相当とする。しかしながら、旧所得税法の各規定そのものが憲法38条１項にいう「自己に不利益な供述」を強要するものとすることはできない。

第21問　答案例

1　第35条1項の法意

35条1項は、「各人の住居はその城である」といわれるように、住居が人の私生活の本拠、中心であることから、その不可侵を保障したものである。同様の趣旨は、書類と所持品についても当てはまる。

ただし、**捜索・差押令状**による場合と、「第33条の場合」[*1]は、例外となる。この第33条の場合とは、33条による不逮捕の保障がない場合、すなわち、**現行犯逮捕と令状逮捕**の両方を意味する。したがって、逮捕に伴う捜索・差押は、捜索・差押令状を必要とせずに、許されることになる。

2　第38条1項の法意

38条1項は、被疑者、刑事被告人などが、刑罰を科される事実などの自己に不利益な供述をしない場合に、法律上の不利益を与えることを禁止するものである。アメリカ合衆国憲法の自己負罪拒否の特権に由来している。

この38条1項を受けて、刑事訴訟法は、いわゆる**黙秘権**を保障している。

3　行政手続への適用

以上の35条1項と38条1項の保障は、刑事手続ではない**行政手続**にも及ぶか。[*2]

まず、35条1項の規定は、本来、主として刑事責任追及の手続における強制について、それが司法権による事前の抑制の下におかれるべきことを保障した趣旨であるが、当該手続が刑事責任追及を目的とするものでないとの理由のみで、その手続における一切の強制が当然に同規定による保障の枠外にあると判断することは相当ではない。したがって、行政手続にも及びうる。

次に、38条1項による保障も、純然たる刑事手続においてばかりではなく、それ以外の手続においても、実質上、刑事責任追及のための資料の取得収集に直接結びつく作用を一般的に有する手続には、等しく及ぶものと解する。よって、行政手続にも及びうる。

判例も、旧所得税法上の質問検査が争われた**川崎民商事件**で同旨である。

以上

[*1] 第33条は、「何人も、現行犯として逮捕される場合を除いては、権限を有する司法官憲が発し、且つ理由となつてゐる犯罪を明示する令状によらなければ、逮捕されない。」とする規定である。

[*2] 行政手続の具体例には、所得税法上の税務調査などがある。

第22問　選挙権①

頻出度 B　難易度 ★★

平成21年8月30日施行の衆議院議員総選挙の当時、47都道府県にまず1議席ずつ割振ってから残りの議席を人口比で配分する方式（1人別枠方式）を採用している選挙区割規定の下において、各選挙区間の議員1人当たりの有権者数の較差が最大約2.3対1に達していたため、選挙人Xが、選挙無効訴訟を提起した。なお、本件選挙時においては、本件選挙制度導入後の最初の総選挙が平成8年に実施されてから既に10年以上を経過しており、その間に、同12年の国勢調査の結果を踏まえて同14年の選挙区の改定が行われ、更に同17年の国勢調査の結果を踏まえて見直しの検討がされたが選挙区の改定を行わないこととされており、既に上記改定後の選挙区の下で2回の総選挙が実施されていたなどの事情があった。

この事例において、「1人別枠方式」を採用している選挙区割規定が、憲法14条1項に違反しないかについて論ぜよ。　【オリジナル問題】

(参照条文)
【憲法】
第14条第1項　すべて国民は、法の下に平等であつて、人種、信条、性別、社会的身分又は門地により、政治的、経済的又は社会的関係において、差別されない。

必須キーワード&フレーズ

投票価値の平等　1人別枠方式　最大約2.3　1人別枠方式は、憲法14条1項に反する

考え方

本問で問題となるのは、1人別枠方式の目的に関する次の2点！
①人口の少ない県に居住する国民の意思の反映
②人口の少ない地方の定数の急激な減少への配慮

いずれも合理的な理由がないとして、違憲を導く。

答案構成

1 **1人別枠方式**は違憲か？
 ↓
 ①人口の少ない県に居住する国民の意思の反映
  合理性なし
 ②人口の少ない地方の定数の急激な減少への配慮
  合理性なし
 ↓
2 結論
  違憲（判例：衆議院議員定数不均衡事件）

Point

近時の重要判例を素材としたオリジナル問題であり、択一式試験でも要注意である。記述では、判例と同様に、1人別枠方式が憲法14条1項の投票価値の平等に違反する点をしっかり書こう。

小問演習に挑戦！

1 1人別枠方式について40字以内で述べよ。
2 次の空欄に入る語句を4字で答えよ。
　　本件選挙時において、本件区割基準規定の定める本件区割基準のうち1人別枠方式に係る部分は、憲法の［　　］の平等の要求に反するに至っており、同基準に従って改定された本件区割規定の定める本件選挙区割りも、憲法の［　　］の平等の要求に反するに至っていたものではあるがいずれも憲法上要求される合理的期間内における是正がされなかったとはいえず、本件区割基準規定及び本件区割規定が憲法14条1項等の規定に違反するものということはできない。

小問演習解答

1 47都道府県にまず1議席すつ割り振ってから残りの議席を人口比で配分する方式。
2 投票価値

平成23年の衆議院議員定数不均衡事件の判旨である。

判例

衆議院議員定数不均衡事件（最大判平23・3・23）

本件選挙時において、本件区割基準規定の定める本件区割基準のうち**1人別枠方式に係る部分は、憲法の投票価値の平等の要求に反する**に至っており、同基準に従って改定された本件区割規定の定める本件選挙区割りも、憲法の投票価値の平等の要求に反するに至っていたものではあるがいずれも憲法上要求される合理的期間内における是正がされなかったとはいえず、本件区割基準規定及び本件区割規定が憲法14条1項等の規定に違反するものということはできない。

第22問　答案例

1　憲法14条1項は、選挙権の内容の平等、すなわち、**投票価値の平等**を要求していると解される。[*1]そうだとすると、**1人別枠方式**を採用している選挙区割規定は、憲法14条1項に違反しないか。[*2]

2　まず、1人別枠方式は、人口の少ない県に定数を多めに配分し、人口の少ない県に居住する国民の意思をも十分に国政に反映させることができるようにすることを目的とする。

しかし、この選挙制度によって選出される議員は、いずれの地域の選挙区から選出されたかを問わず、全国民を代表して国政に関与することが要請されているのであり、人口の少ない地域に対する配慮は全国的な視野から法律の制定等に当たって考慮されるべき事柄であって、ある地域の選挙人と他の地域の選挙人との間に投票価値の不平等を生じさせるだけの合理性はない。

3　次に、1人別枠方式には、人口の少ない地方における定数の急激な減少への配慮もある。新しい選挙制度を導入するに当たり、直ちに人口比例のみに基づいて各都道府県への定数の配分を行った場合には、人口の少ない県における定数が急激かつ大幅に削減されることになってしまう。

そうだとすれば、1人別枠方式は、おのずからその合理性に時間的な限界があるものというべきであり、新しい選挙制度が定着し、安定した運用がされるようになった段階においては、その合理性は失われるといえる。本件選挙時における、問題文のような事情に鑑みると、本件選挙制度は定着し、安定した運用がされるようになっていたと評価することができるので、もはや1人別枠方式の合理性は失われていたものというべきである。

さらに、本件選挙区割りの下で生じていた選挙区間の投票価値の較差は、その当時、**最大約2.3倍**に達し、1人別枠方式がこのような選挙区間の投票価値の較差を生じさせる主要な要因となっていたのであって、その不合理性が投票価値の較差としても現れてきたものといえる。

4　以上から、本件選挙時において、1人別枠方式は、憲法14条1項の投票価値の平等の要求に反するに至っていたものであると解する（判例同旨）。[*3]

以上

[*1] 憲法が投票価値の平等を要求している点は、争いがないので簡単に書く。

[*2] 最初に、問題文の文末を使用して、問題提起する。

[*3] 最後に、問題文および答案の問題提起に即して、結論を明示する。

第23問 選挙権②

頻出度 C　難易度 ★★★

　平成8年の衆議院議員選挙に投票できなかった在外国民（国外に居住していて国内の市町村の区域内に住所を有していない日本国民）Xらが、国に対して、在外国民の選挙権を認めていない公職選挙法の規定は、憲法などに違反して違法であることの確認と国家賠償法に基づく損害賠償を求めた。その後、平成10年に公職選挙法が改正され在外国民の選挙権を認めることになったが、当分の間、衆議院比例代表選出議員の選挙および参議院比例代表選出議員の選挙についてだけ投票をすることを認め、衆議院小選挙区選出議員の選挙および参議院選挙区選出議員の選挙については投票をすることを認めないというものであったため、改正後の公職選挙法が違法であることの確認と衆議院小選挙区選挙と参議院選挙区選挙の選挙権を有することの確認を追加的に請求した。

　なお、昭和59年に在外国民の投票を可能にするための法律案が閣議決定されて国会に提出されたものの、同法律案が廃案となった後本件選挙の実施に至るまで10年以上の長きにわたって何らの立法措置も執られなかった。

　以上の事例について、在外国民に比例代表選出議員の選挙権のみを認めることは憲法に違反するか。また、本件立法の不作為は、違法として国家賠償請求の対象となるか、について論ぜよ。

【オリジナル問題】

（参照条文）
【国家賠償法】
第1条1項　国又は公共団体の公権力の行使に当る公務員が、その職務を行うについて、故意又は過失によつて違法に他人に損害を与えたときは、国又は公共団体が、これを賠償する責に任ずる。

第23問 選挙権②

必須キーワード&フレーズ

憲法15条　選挙権　普通選挙　在外選挙制度　比例代表選出議員の選挙に限定する部分は憲法違反　違法な立法不作為　国家賠償請求を認容

考え方

本問で問題となるのは、次の2点！
①在外国民に比例代表選出議員の選挙権のみを認めることは違憲か
②本件立法不作為は違法として国家賠償請求の対象となるか

　まず、憲法15条で選挙権が保障されていることを書いて、公職選挙法の規定には理由がなく、違憲であるとする。次に、本件が著しい立法不作為であるとして、国家賠償請求を肯定する。

答案構成

1　憲法15条で選挙権保障
　　↓
　在外国民に比例代表選出議員の選挙権のみを認めることは違憲か？
　違憲
　　↓
2　本件立法不作為は違法として国家賠償請求の対象となるか？
　肯定

Point

在外邦人選挙権制限違憲事件では、①比例代表選出議員の選挙権に限定するのは違憲、②違法な立法不作為が国家賠償請求の対象となる、というこの2点がポイントである。

小問演習に挑戦！

1　憲法15条1項・3項の内容について70字以内で述べよ。
2　次の空欄に入る語句を答えよ。

　遅くとも、本判決言渡し後に初めて行われる衆議院議員の総選挙又は参議院議員の通常選挙の時点においては、衆議院小選挙区選出議員の選挙及び参議院選挙区選出議員の選挙について在外国民に投票をすることを認めないことについて、やむを得ない事由があるということはできず、公職選挙法附則8項の規定のうち、在外選挙制度の対象となる選挙を当分の間両議院の［　ア　］選出議員の選挙に限定する部分は、憲法15条1項及び3項、43条1項並びに44条ただし書に違反するものといわざるを得ない。

　在外国民であった上告人らも国政選挙において投票をする機会を与えられることを憲法上保障されていたのであり、この権利行使の機会を確保するためには、在外選挙制度を設けるなどの立法措置を執ることが必要不可欠であったにもかかわらず、昭和59年に在外国民の投票を可能にするための法律案が閣議決定されて国会に提出されたものの、同法律案が廃案となった後本件選挙の実施に至るまで10年以上の長きにわたって何らの立法措置も執られなかったのであるから、このような著しい不作為は例外的な場合に当たり、このような場合においては、過失の存在を否定することはできない。このような［　イ　］の結果、上告人らは本件選挙において投票をすることができず、これによる精神的苦痛を被ったものというべきである。したがって、本件においては、上記の違法な［　イ　］を理由とする国家賠償請求はこれを認容すべきである。

小問演習解答

1　1項は、公務員を選定することは国民固有の権利であるとして**選挙権**を保障し、3項も、公務員の選挙について成年者による**普通選挙**を保障している。
2　ア—比例代表　イ—立法不作為
　在外邦人選挙権制限違憲事件（最大判平17・9・14）の判旨である。

第23問 答案例

1　在外国民に比例代表選出議員の選挙権のみを認めることは違憲か

　憲法15条1項は、公務員を選定することは、国民固有の権利であるとして**選挙権**を保障し、同条3項も公務員の選挙について成年者による**普通選挙**を保障している。

　そこで、在外国民に比例代表選出議員の選挙権のみを認めることが、憲法に違反するかが問題となる。[*1]

　本件改正後に在外選挙が繰り返し実施されてきていること、通信手段が地球規模で目覚ましい発達を遂げていることなどによれば、在外国民に候補者個人に関する情報を適正に伝達することが著しく困難であるとはいえなくなったというべきである。

　そうだとすれば、衆議院議員の総選挙または参議院議員の通常選挙において、衆議院小選挙区選出議員の選挙および参議院選挙区選出議員の選挙について在外国民に投票をすることを認めないことについて、やむを得ない事由があるということはできない。

　したがって、公職選挙法の規定のうち、在外選挙制度の対象となる選挙を当分の間両議院の比例代表選出議員の選挙に限定する部分は、憲法15条1項・3項等に違反すると考える。[*2]

2　本件立法不作為は違法として国家賠償請求の対象となるか

　在外国民であったXらも国政選挙において投票をする機会を与えられることを憲法上保障されていたのであり、この権利行使の機会を確保するためには、在外選挙制度を設けるなどの立法措置を執ることが必要不可欠であった。

　それにもかかわらず、昭和59年に在外国民の投票を可能にするための法律案が廃案となった後本件選挙の実施に至るまで10年以上の長きにわたって何らの立法措置も執られなかったのであるから、このような著しい不作為の場合には、過失の存在を否定することはできない。

　この立法不作為の結果、Xらは本件選挙において投票をすることができず、これによる精神的苦痛を被ったものというべきである。

　したがって、本件においては、**違法な立法不作為を理由とする**国家賠償請求を認容すべきであると考える。[*3]

　　　　　　　　　　　　　　　　　　　　　　　　　以上

[*1] 憲法条文を明示したうえで、違憲か否かの問題提起をする。

[*2] 違憲（または合憲）の結論を書く。

[*3] 最後に、問題文に対応した結論を書く。

第24問 生存権

頻出度 A　難易度 ★★☆

生存権の意義を述べた上で、生存権の法的性格について、朝日訴訟及び堀木訴訟の最高裁判決に言及して説明せよ。

【平成23年度・東京都】

必須キーワード&フレーズ

健康で文化的な最低限度の生活を営む権利　憲法25条　社会権　朝日訴訟　プログラム規定説　抽象的権利説　裁量　堀木訴訟　裁量の逸脱・濫用を除き、裁判所が審査判断しない

考え方

本問で問題となるのは、次の3点！
①生存権の意義
②生存権の法的性格
③行政裁量・立法裁量

まず、健康で文化的な最低限度の生活を営む権利であることと憲法25条を書く。次に、法的性格について争いがあるが、判例のプログラム規定説を紹介したうえで、自説として抽象的権利説を書く。最後に、朝日訴訟・堀木訴訟の裁量論を書いてその問題点を指摘する。

答案構成

1　生存権の意義
　健康で文化的な最低限度の生活を営む権利（憲法25条）
　社会権
　⬇
2　生存権の法的性格
　プログラム規定説（判例の基本的立場）
　抽象的権利説（自説）

> 行政裁量と立法裁量
> 朝日訴訟・堀木訴訟
> その批判（自説）

Point

憲法25条の生存権の法的性格に関する考え方として、記述式では朝日訴訟のプログラム規定説と抽象的権利説の２つ、択一式試験ではさらに具体的権利説を加えて３つの説の理解が必要である。

小問演習に挑戦！

1 生存権について25字以内で述べよ。
2 次の空欄に入る語句を答えよ。

　憲法25条１項は、すべての国民が健康で文化的な最低限度の生活を営み得るように国政を運営すべきことを国の責務として［　ア　］したにとどまり、直接個々の国民に対して［　イ　］を賦与したものではない。［　イ　］としては、憲法の規定の趣旨を実現するために制定された生活保護法によって、はじめて与えられているというべきである。

小問演習解答

1 健康で文化的な最低限度の生活を営む権利である。
2 ア―宣言　イ―**具体的権利**

朝日訴訟の判旨である。

プログラム規定説	憲法25条は、国政を運営すべきことを国の責務として宣言したにとどまり、直接個々の国民に対して具体的権利を付与したものではない。
抽象的権利説	憲法25条が施行立法によって具体化された場合には、生存権も具体的な権利となる。

判例

朝日訴訟（最大判昭42・5・24）

憲法25条１項は、すべての国民が健康で文化的な最低限度の生活を営み得るように**国政を運営すべきことを国の責務として宣言したにとどまり、直接個々の国民に対して具体的権利を賦与したものではない**。具体的権利としては、憲法の規定の趣旨を実現するために制定された生活保護法によって、はじめて与えられている。

健康で文化的な最低限度の生活なるものは、抽象的な相対的概念であり、その具体的内容は、文化の発達、国民経済の進展に伴って向上するのはもとより、多数の不確定的要素を綜合考量してはじめて決定できるものである。したがって、何が健康で文化的な最低限度の生活であるかの認定判断は、厚生大臣の合目的的な裁量に委されており、その判断は、当不当の問題として政府の政治責任が問われることはあっても、直ちに違法の問題を生ずることはない。

堀木訴訟（最大判昭57・7・7）

憲法25条の規定にいう「健康で文化的な最低限度の生活」なるものは、きわめて抽象的・相対的な概念であって、その具体的内容は、その時々における文化の発達の程度、経済的・社会的条件、一般的な国民生活の状況等との相関関係において判断決定されるべきものであるとともに、現実の立法として具体化するに当たっては、国の財政事情を無視することができず、また、多方面にわたる複雑多様な、しかも高度の専門技術的な考察とそれに基づいた政策的判断を必要とするものである。したがって、憲法25条の規定の趣旨にこたえて具体的にどのような立法措置を講ずるかの選択決定は、立法府の広い裁量にゆだねられており、それが著しく合理性を欠き明らかに**裁量の逸脱・濫用と見ざるをえないような場合を除き、裁判所が審査判断するのに適しない**事柄である。

第24問　答案例

1　生存権の意義

　生存権は、健康で文化的な最低限度の生活を営む権利として、憲法25条で規定している。国は、社会福祉、社会保障、公衆衛生の向上や増進など、社会権の実現に努力すべき義務を負う。

　これは社会的・経済的弱者を保護するために、国に対して一定の行為を要求する権利である社会権の原則的な規定である。

2　生存権の法的性格

　この生存権の法的性格については、争いがある。

　生活保護の受給が争われた朝日訴訟の最高裁判決は、憲法25条は、すべての国民が健康で文化的な最低限度の生活を営み得るように国政を運営すべきことを国の責務として宣言したにとどまり、直接個々の国民に対して具体的権利を付与したものではない、として基本的な立場としては、プログラム規定説をとっていると考えられる。*1

　確かに、生存権の規定内容は抽象的であるから、憲法25条を直接の根拠にして給付を請求する権利を認めるのは無理だと考えられる。そこで、25条が生活保護法などの施行立法によって具体化された場合に、生存権も具体的な権利となると考える（抽象的権利説）。*2

　そして、朝日訴訟の判決は、何が健康で文化的な最低限度の生活であるかの判断は、厚生大臣（当時）の合目的的な裁量に任されており、当不当の問題として政治責任が問われることはあっても、直ちに違法の問題を生ずることはないとして、行政府の裁量にゆだねられているとしている。また、堀木訴訟の判決も、健康で文化的な最低限度の生活は、極めて抽象的・相対的な概念であるので、具体的にどのような立法措置を講ずるかの選択は、立法府の広い裁量にゆだねられており、それが著しく合理性を欠き明らかに裁量の逸脱・濫用と見ざるをえない場合を除き、裁判所が審査判断しないとしている。*3

　しかし、健康で文化的な最低限度の生活水準は、特定の時代や社会において、ある程度は客観的に想定し決定できるのではなかろうか。そうだとすれば、その水準を下回る行政裁量などは、違憲となる場合もありうると考える。*4

以上

*1　判例の評価には争いがあるので、「基本的な立場としては」と書いた。

*2　その他に具体的権利説も主張されているが、ここでは割愛した。

*3　問題文に即して、2つの最高裁判決に言及した。

*4　抽象的権利説をとる以上、判例の内容紹介で終わるより、自説まで書いたほうが印象がよい。

第25問 教育を受ける権利

頻出度 A　難易度 ★★

教育を受ける権利について、次の各論点から論ぜよ。
① 憲法上保障された意義及びその性格
② 判例を踏まえた、その具体的内容

【平成11年度・国税専門官】

必須キーワード&フレーズ

憲法26条　学習権　旭川学力テスト事件　社会権　教育権の所在　国家教育権説　国民教育権説　国は、教育内容についても決定する権能を有する　役割分担

考え方

本問で問題となるのは、次の2点！
① 教育を受ける権利の保障の意義・性格
② 判例を踏まえた具体的内容

まず、子どもの学習権について書き、次に大論点である教育権の所在に関して、国家教育権説と国民教育権説の対立を書いて、最後に旭川学力テスト事件の最高裁判決の考えを書こう。

答案構成

1　教育を受ける権利の保障の意義・性格
　子どもの学習権の保障
　社会権
　↓
2　教育権の所在？
　国家教育権説　VS.　国民教育権説
　判例：旭川学力テスト事件
　判例の評価

第25問 教育を受ける権利

Point
憲法26条１項の教育を受ける権利では、旭川学力テスト事件の判例が最も重要である。教育権の所在をめぐる論点について、判例は折衷説を採用している。

小問演習に挑戦！

1 教育を受ける権利が憲法上保障された意義について、判例に照らし15字以内で述べよ。
2 教育権の所在に関する両極の見解は何か。
3 次の空欄に入る語句を答えよ。
　　［　ア　］の教育の自由は、主として家庭教育等学校外における教育や学校選択の自由にあらわれるものと考えられるし、また、私学教育における自由や［　イ　］の教授の自由も、それぞれ限られた一定の範囲においてこれを肯定するのが相当であるけれども、それ以外の領域においては、［　ウ　］は、国政の一部として広く適切な教育政策を樹立、実施すべく、また、しうる者として、憲法上は、あるいは子ども自身の利益の擁護のため、あるいは子どもの成長に対する社会公共の利益と関心にこたえるため、必要かつ相当と認められる範囲において、教育内容についてもこれを決定する権能を有するものと解さざるをえないのである。

小問演習解答

1 **子どもの学習権**を保障する。
2 **国家教育権説**と**国民教育権説**の２つ。
3 ア―親　イ―教師　ウ―国
　旭川学力テスト事件の判旨である。

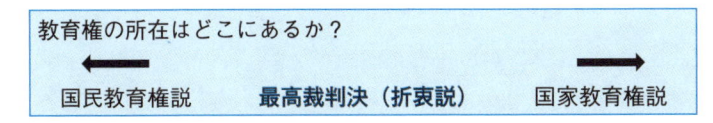

教育権の所在はどこにあるか？		
←		→
国民教育権説	最高裁判決（折衷説）	国家教育権説

判例

旭川学力テスト事件（最大判昭51・5・21）

わが国の法制上子どもの教育の内容を決定する権能が誰に帰属するとされているかについては、2つの極端に対立する見解があるが、いずれも極端かつ一方的であり、そのいずれをも全面的に採用することはできない。

憲法26条の規定の背後には、国民各自が、一個の人間として、一市民として、成長、発達し、自己の人格を完成、実現するために必要な学習をする固有の権利を有すること、特に、みずから学習することのできない子どもは、その学習要求を充足するための教育を自己に施すことを大人一般に対して要求する権利を有するとの観念が存在している。

親は、子どもの教育に対する一定の支配権、すなわち子女の教育の自由を有すると認められるが、このような親の教育の自由は、主として家庭教育等学校外における教育や学校選択の自由にあらわれるものと考えられるし、また、私学教育における自由や教師の教授の自由も、それぞれ限られた一定の範囲においてこれを肯定するのが相当であるけれども、それ以外の領域においては、**国は、国政の一部として広く適切な教育政策を樹立、実施すべく、憲法上は、子ども自身の利益の擁護のため、あるいは子どもの成長に対する社会公共の利益と関心にこたえるため、必要かつ相当と認められる範囲において、教育内容についてもこれを決定する権能を有する**ものと解さざるをえないのである。本来人間の内面的価値に関する文化的な営みとして、党派的な政治的観念や利害によって支配されるべきでない教育に政治的影響が深く入り込む危険があることを考えるときは、教育内容に対する国家的介入についてはできるだけ抑制的であることが要請される。

第25問　答案例

1　①憲法上保障された意義・性格

　憲法26条は、すべて国民は、その能力に応じて、ひとしく教育を受ける権利を有すると規定している。そもそも教育は、個人が人格を形成し、社会生活を営むために不可欠なものである。

　この教育を受ける権利は、特に子どもに対して、その**学習権**を保障していると考えられる。学力テストを適法とした**旭川学力テスト事件**の判例も、[*1] 憲法26条には、特に、自ら学習することのできない子どもは、その学習要求を充足するための教育を自己に施すことを大人一般に対して要求する権利を有するとの観念が存在するとしている。

　そして、教育を受ける権利は、**社会権**であるから、国は、義務教育などの教育制度を維持し整備すべき義務を負うことになる。

2　②判例を踏まえた具体的内容

　教育を受ける権利に関連して争われているのは、**教育権の所在**、すなわち、子どもの教育内容を決定できるのは誰か、という問題である。[*2]

　この点に関して、国が関与決定する権能を有するとする**国家教育権説**と、親や教師などの国民が関与決定する権能を有するとする**国民教育権説**という、両極に位置する2大説が対立した。

　しかし、判例は、前記の**旭川学力テスト事件**において、まず、これら2つの見解は、いずれも極端かつ一方的であり、そのいずれをも全面的に採用することはできないとした。

　そのうえで、**親の教育の自由は、家庭教育等学校外における教育や学校選択の自由に表れるし、私学教育における自由や教師の教授の自由も、それぞれ限られた一定の範囲において肯定するのが相当であるが、それ以外の領域においては、国は、必要かつ相当と認められる範囲において、教育内容についても決定する権能を有する**ものとした。

　判例が、結論的に、国の教育内容への広い介入を認めた点は、やや疑問である。しかし、親・教師と国の教育に関する**役割分担**を示した基本的な立場は、妥当であると考える。[*3]

以上

[*1] 旭川学力テスト事件は、教育を受ける権利のテーマで最も重要な判例である。

[*2] 教育権の所在を巡る論争は、教育を受ける権利のテーマで最も重要な論点である。

[*3] できれば最後に、最高裁判決に対する評価を書きたい。

第26問 唯一の立法機関

頻出度 A　難易度 ★

憲法第41条は国会は国の唯一の立法機関と定めているが、その意味について説明せよ。
【平成8年度・裁判所】

必須キーワード&フレーズ

形式的意味の立法　実質的意味の立法　法規　一般的抽象的法規範
国会中心立法の原則　国会単独立法の原則　委任立法　内閣の法案提出権

考え方

本問で問題となるのは、憲法41条の「唯一」の意味と「立法」の意味である。
まず、「立法」とは何なのか。形式的に理解するのか、それとも実質的に考えるのか。実質的に考えるなら、その内容は何か。
次に、その「立法」を国会は「唯一」行える機関であるが、「唯一」の意味には、国会中心立法の原則と国会単独立法の原則の2つがある。これらの原則と憲法上の諸制度との関係の説明が本問の核心である。

答案構成

1　「立法」の意味
　　↓
2　「唯一」の意味
　　↓
　国会中心立法の原則の説明と例外
　　　例外→議院規則、裁判所規則、政令、(条例)
　国会単独立法の原則の説明と例外
　　　例外→地方特別法
　　　　　　内閣の法案提出権

第26問 唯一の立法機関

> **P**oint
>
> 択一式試験の対策としても、「国会中心立法の原則」と「国会単独立法の原則」の憲法上の例外や関連する制度についてはすべて正確に押さえておく必要がある。

小問演習に挑戦！

1 憲法41条の「立法」の意味について100字程度で説明せよ。
2 次のア〜オは、「A：国会中心立法の原則」と「B：国会単独立法の原則」のどちらとの関係で問題となるか分類せよ。
　ア．両議院の規則制定権（58条2項本文前段）、最高裁判所の規則制定権（77条1項）。
　イ．内閣総理大臣が内閣を代表して国会に提出する「議案」（72条）には法律案を含む。
　ウ．内閣の発する政令（73条6号）を執行命令と委任命令に限定する。
　エ．地方議会の条例制定権（94条）
　オ．地方特別法の住民投票の制度（95条）

小問演習解答

1 「立法」の意味は、国会が制定する国法の一形式としての「法律」の定立であると形式的意味に解するのではなく、実質的意味に解するべきであり、その実質的意味とは、およそ**一般的・抽象的法規範**のすべてを含むと解すべきである。

2　ア．「A：国会中心立法の原則」。国会以外の機関である両議院や最高裁判所が実質的意味の立法である規則を制定する権限だからである。
　イ．「B：国会単独立法の原則」。国会以外の機関である内閣の関与を認めるものであるから、国会単独立法との関連で論じられる見解である。
　ウ．「A：国会中心立法の原則」。国会以外の機関である内閣が実質的意味の立法である政令を制定する権限についての記述だからである。
　エ．「A：国会中心立法の原則」。国会以外の機関である地方議会が実質的

意味の立法である条例を制定する権限についての記述だからである。なお、条例を国会中心立法の原則の例外とは考えないのが通説的見解である。

オ．「B：国会単独立法の原則」。国会以外の「住民」による関与を認めるものだからである。

●各原則との関係で問題となる制度

国会中心立法の原則	両議院の規則制定権、最高裁判所の規則制定権
	内閣の発する政令、地方議会の条例制定権
	明治憲法下の独立命令・緊急勅令
国会単独立法の原則	地方特別法の住民投票の制度
	内閣の法案提出権
	明治憲法下の裁可

第26問　答案例

1　まず、憲法41条の「立法」とはいかなる意味なのか、争いがあり問題となる。

「立法」の意味を国会が制定する国法の一形式としての「法律」の定立であると形式的意味に解することは、41条は同語反復を規定しただけとなってしまい妥当でない。よって、「立法」は中身を問題として実質的意味に解すべきである。*1

そしてその実質的意味とは、民主化された議会が立法権を行使する憲法制度の下では、国民の権利を直接に制限し義務を課す法規範という意味での「法規」と解するのではなく、およそ一般的・抽象的法規範のすべてを含むと解するべきである。

2　次に、41条が国会が「唯一の」立法機関であるとする意味には、**国会中心立法の原則と国会単独立法の原則の２つの意味***2があるとされている。以下ではそれぞれについて説明する。

(1)　国会中心立法の原則

これは、<u>国会が立法権を独占し、国会以外の他の機関が立法することを認めないという原則である。</u>*3

本原則の憲法上の例外には、両議院の規則制定権と、最高裁判所の規則制定権がある。

また、<u>内閣の政令制定権が認められているが</u>、国会中心立法の原則から、<u>内閣の発する政令を、法律の執行に必要な細則を定める執行命令と、法律の委任に基づく委任命令に限定されると解される。</u>

なお、<u>地方議会の条例制定権</u>については、地方議会も国会と同様に住民によって選挙された議員で組織されることから、条例を国会中心立法の原則の例外とは考えないのが通説である。

(2)　国会単独立法の原則

<u>国の立法は国会の議決だけで成立し、国会以外の機関が法律の成立に関与することを許さないという原則である</u>*4。

本原則の憲法上の例外として、**地方特別法の成立にはその住民投票の過半数の賛成が必要とされる。**

なお、<u>内閣による法律案の提出については、国会がこれを自由に審議・表決できることや、72条の「議案」には法律案を含むと解されることから、本原則には違反せず合憲と考えられる。</u>

以上

---

*1　形式的意味と理解すると、憲法41条は、「国会は、国会が定立する法律という名称の法規範を制定する機関である」という意味のない規定となってしまう。

*2　この２つの原則の違いには要注意。

*3　明治憲法においては、議会の関与しない行政権による立法（独立命令・緊急勅令）が認められていたが、日本国憲法の下では本原則によって認められない。

*4　明治憲法においては、法律に国民を拘束する潜在的な効力を付与するという裁可という権限を天皇に与えていたが、このような制度は、日本国憲法の下では本原則によって認められない。

第27問 委任立法

頻出度 B　難易度 ★☆☆

法律による命令への委任に関し、①その意義、②その委任の限界について論ぜよ。

【平成15年度・国税専門官】

必須キーワード&フレーズ

委任命令　政令　省令　**国会中心立法の原則**　一般的・包括的委任　白紙委任　**個別具体的委任**　猿払事件判決　再委任

考え方

国会は「唯一の立法機関」である（41条）。とすれば、行政機関が制定する命令への委任は本来は認められないはずだ。しかし、社会福祉国家の任務が増大したため、例外を認める必要性が生じた。もっとも、**委任命令はあくまでも例外**であるから、委任の限界が問題となるのである。

答案構成

```
1  法律による命令への委任の意義
    ↓
   国会中心立法の原則に違反しないか？
   条理、憲法73条6号ただし書から合憲
    ↓
2  委任の限界
  (1) 一般的・包括的委任の禁止
      判例：猿払事件判決の評価
  (2) 委任の範囲の逸脱不可
  (3) 再委任は肯定。大幅な限定必要
```

第27問 委任立法

> **Point**
> 委任命令は国会中心立法の原則の例外である。よって、「原則→例外を認める必要性→例外が許容される限界」という流れを意識して書こう。

小問演習に挑戦！

1. 命令とは何か、20字程度で説明せよ。
2. 委任立法が必要とされる事項や場合を2つ述べよ。
3. 下記の各〔　〕内に入る漢字2文字を答えよ。
   　法律による命令への委任を前提としていると解され、法律による命令への委任を認める形式的な根拠となる憲法73条6号ただし書は、〔　①　〕への〔　②　〕の委任を定めた規定である。
4. 下記の各〔　〕内に入る漢字2文字を答えよ。
   　委任の限界としては、〔　①　〕的・〔　②　〕的委任は許されず、〔　③　〕的・〔　④　〕的に限定された委任でなければならないと解されている。

小問演習解答

1. 行政機関によって制定される法規である。

   ●主な国法の諸形式

法形式の名称		制定する機関
法　　律		国　　会
命令		行政機関
	政令	内閣
	省令	各省大臣
条例（広義）		地方公共団体
	条例（狭義）	地方議会
	規則	長や委員会

2. ①専門的・技術的事項に関する立法
   ②事情の変化に即応して機敏に適応することを要する事項に関する立法

③地方的な特殊事情に関する立法
　　④政治の力が大きく働く国会が全面的に処理するのに不適切な客観的公正
　　　のとくに望まれる立法
　　などのうち２つ。
3　①―政令　　　②―罰則
　　政令には、特にその法律の委任がある場合を除いては、罰則を設けること
　　ができない（73条6号）。
4　①―一般　　　②―包括　　　③―個別　　　④―具体
　　一般的・包括的委任は白紙委任ともいう。

判例

猿払事件（最大判昭49・11・6）
公務員の「政治的行為」を制限する国家公務員法が、禁止される「政治的行為」の内容を包括的に人事院規則に委任していることについて合憲とした。
※学説からの批判は強い。

第27問　答案例

1　①法律による命令への委任の意義について

　法律による命令への委任とは、法律の授権により、行政機関によって制定される法規である命令に新たに国民の権利や義務を創設させること（**委任命令**）である。*1 そして、このような法律による委任を受けて行政機関によって制定された法規を**委任立法**という。例えば、内閣が制定する政令や各省の大臣が発する省令などがある。

　このように法律による命令への委任が、国会を唯一の立法機関とする憲法41条の内容の一つである**国会中心立法の原則**に違反するかが問題となる。*2

　社会福祉国家においては国家の任務が増大し、①専門的・技術的事項に関する立法、②事情の変化に即応して機敏に適応することを要する事項に関する立法、③地方的な特殊事情に関する立法、④政治の力が大きく働く国会が全面的に処理するのに不適切な客観的公正のとくに望まれる立法の必要性が増加した。**法律による命令への委任はこれらのような実際上の必要から条理上認められる**と解され、また、**政令への罰則の委任について規定した73条6号ただし書も、法律による命令への委任を前提としていると解され、形式的な根拠となる**。*3

2　②法律による命令への委任の限界について

(1)　もっとも、**国会が唯一の立法機関である役割を事実上放棄する意味をもつような委任は許されないから、一般的・包括的委任は許されず、個別的・具体的に限定された委任でなければならない**と解される。*4

　この点につき判例は、国家公務員法で禁止される「政治的行為」の内容を包括的に人事院規則に委任していることを合憲としているが（**猿払事件判決**）、この委任は白紙的な包括的委任であり、違憲と解すべきである。

(2)　また、行政機関は、授権する法律に反する命令を制定してはならないから、**委任の範囲を逸脱することも許されない**。*5

(3)　法律による委任を受けた行政機関の裁量の範囲内であれば、さらに下級の行政機関の命令に**再委任**することも肯定してよいと考える。もっとも、**委任立法は、国会中心立法の原則の例外である以上、やむを得ない合理的な理由があり、再委任を受ける行政機関の裁量の余地が大幅に限定されていることが必要である**。*6

以上

*1　定義はできるだけ正確に書こう。

*2　委任立法は、憲法の大原則である国会中心立法の原則の例外であることを指摘しよう。

*3　形式的な根拠の指摘は不可欠である。

*4　委任程度の指摘は不可欠である。

*5　委任を受けた側からの限界も書けば加点が期待できる。

*6　再委任についても、触れれば加点事由となるだろう。

第28問 自由委任の原則

頻出度 C　難易度 ★★★

　最近の改正で付加された公職選挙法第99条の2は、衆議院及び参議院の比例代表選出議員が当選後に当該選挙で争った他の政党等に所属を変更したときは当選を失うものとした。また、国会法第109条の2も、同様に所属を変更した比例代表選出議員について退職者となることとした。
　これらの改正規定の趣旨を説明し、これに含まれる憲法上の論点について論述せよ。　【平成15年度・国家Ⅰ種】

（参考）憲法
第43条①　両議院は、全国民を代表する選挙された議員でこれを組織する。
　　　②　両議院の議員の定数は、法律でこれを定める。

必須キーワード&フレーズ

全国民の代表　**政党**　命令委任　**自由委任**　**党議拘束**　**比例代表選出議員**　自発的離党　除名

考え方

　参考条文でも挙げられている憲法43条1項の全国民の「代表」の理解についての論述は必須！
　逆に、この論点の理解が出来ていれば、改正法の趣旨を知らなかったとしても、試験の本番で推測しやすかったはずだ。
　自由委任の原則から出発し、比例代表選挙が政党を選ぶ選挙であるという特徴を踏まえて論じよう。

答案構成

1 改正規定の趣旨
　　⬇
　有権者の意思尊重　→　移籍の禁止
2 改正規定の合憲性
　(1) 憲法43条の「代表」の意味
　　　自由委任、もっとも、国民の意思をできるかぎり反映すべき
　　　⬇
　(2) 改正規定の合憲性
　　　比例代表選出議員の自由意思尊重
　　　としても、政党に託した国民の意思も配慮
　　　　⬇そこで
　自発的な党籍変更・離脱に限り失職も可能
　本問の法律：自発的離党→合憲、除名→違憲

Point

憲法43条の両議院の議員が全国民の「代表」とされることの意味については十分に理解しておく必要がある。

小問演習に挑戦！

1 国民と代表との関係における命令委任とは何か50字程度で説明せよ。
2 国民と代表との関係における自由委任の原則について100字以内で説明せよ。

小問演習解答

1 議員は選挙区・後援団体など特定の選挙母体の代表であり、議員は議会において選挙母体の訓令に拘束されるとする考え。

2 議員は選挙区・後援団体など特定の選挙母体の代表ではなく、**すべての国民を代表**する者であり、議員は議会において、自己の信念に基づいてのみ発言・表決し、選挙母体の訓令には拘束されないとする考えである。

●自由委任と命令委任との違い

	自由委任	命令委任
代表の意味	全国民の代表	選挙区や後援団体の代表
議会における議員の発言・表決	自らの意思に基づいて自由に行える	選挙区民の具体的な意思に拘束される
公約に違反した議員をリコール（解職）できるか	できない	できる

第28問　答案例

1　改正規定の趣旨

　本問の改正規定[*1]は、政党への投票をもとに選出される比例代表選出議員が、当選後に、自発的離党か除名かを問わず、当該選挙時に存在した他の政党に移籍した場合には、この議員は、移籍先の政党の候補者としての審判を有権者から受けていないことから、有権者の意思を尊重するために、移籍した議員の当選を失わせ、退職者とすることで、移籍を禁止したものである。[*2]

2　本問の改正規定の合憲性

(1)　本問の改正規定の合憲性を検討するには、まず、憲法43条の「代表」の意味をいかに理解するかが、問題となる。

　43条の全国民の「代表」とは、議員は選挙区・後援団体など特定の選挙母体の代表ではなく、すべての国民を代表する者であり、議員は議会において、自己の信念に基づいてのみ発言・表決し、選挙母体の訓令には拘束されないこと（自由委任の原則）を意味する。としても、議員の地位は国民意思により正当化されるべきであるから、議員は国民の多様な意思をできるかぎり公正かつ忠実に国会に反映すべきであるとする社会学的代表の意味も含まれると解すべきである。[*3]

(2)　では、本問の改正規定は合憲か。43条の意味を、政党に託した国民の意思をあくまで尊重すべき点にあると考えると、比例代表選挙は政党を基礎にその得票数に比例して議席配分するものであるから、党籍の変更が直ちに議席の喪失へと結びつくとも考えられる。

　しかし、政党による除名により党籍がはく奪される場合を考えると、政党と議員との間に一種の命令服従関係を認めることになり、自由委任の原則に反するため妥当でない。

　比例代表選挙も議員選出の一つの方法にすぎず、いったん選出された議員はすべて全国民の「代表」であり、当選後は議員の個人の自由意思を尊重すべきである。としても、やはり比例代表選挙では、政党に託した国民の意思にも配慮すべきである。[*4]

　そこで、議員の自発的な党籍変更や党籍離脱に限り、議員としての身分を失わせてもよいと考える。

　以上から、本問の法律は、自発的離党による場合については合憲であるが、除名による場合については違憲である。

以上

[*1] 平成12年に改正された規定であり、出題時の平成15年では時事的なテーマであった。

[*2] 選挙時に所属した政党を離れて無所属になることや、選挙時には存在しなかった新たな政党に参加することは禁じられてはいない。

[*3] この部分は憲法の統治機構の中では非常に重要である。ここから推測して論述できれば十分に合格点は付くであろう。

[*4] 自由委任の原則と比例代表選挙の性質の両者に配慮した論述ができると高い評価を得られるだろう。

第29問 免責特権

頻出度 A　難易度 ★★

憲法第51条に定める議員の免責特権について、次の問いに答えなさい。

(1) 憲法が免責特権を認めた趣旨と、これにより免責される責任の範囲について、論じなさい。

(2) 免責特権の対象となる発言・行為について、次の①～③の発言が免責特権の対象となるかどうかも含め、論じなさい。
　① 議院の本会議中における議員の野次
　② 議事堂内で行われた記者会見での議員の発言
　③ 議事堂外で行われた委員会の地方公聴会において質疑として行われた議員の発言

(3) このような免責特権は、憲法や法律によって地方議会の議員にも認められているものなのか、述べなさい。　【平成19年度・北九州市】

必須キーワード&フレーズ

免責特権　憲法43条の「代表」の意味　**自由委任の原則**　刑事上の責任　民事上の責任　政治的・道義的責任　**地方議会の議員**　直接民主制

考え方

免責特権の趣旨については、両議院の議員が全国民の「代表」であるとする趣旨から書くとよい。これにより、小問(3)の地方議会の議員との対比も論じやすくなる。

免責される範囲や、免責の対象についても、免責特権の趣旨から論述するとよい。択一式試験の知識を総動員すれば何とか書けるだろう。

第29問　免責特権

答案構成

1　小問(1)
　　免責特権の趣旨
　　　憲法43条「**代表**」の意味＝自由委任の原則
　　　⬇
　　　議員の自由な発言・表決を保障＋審議体の権能を確保
　　　⬇
　　　刑事・民事責任、公務員を兼職する場合の懲戒責任に限り免責

2　小問(2)
　　免責特権の趣旨
　　　⬇
　　　免責対象は、議員の職務活動＋付随するものに限定
　　　　⬇よって、
　　①→対象とならない、②→対象とならない、③→対象となる。

3　小問(3)
　　地方議会の議員に免責特権なし（判例）

Point

免責特権に関する各問題点については、免責特権の趣旨から説明できるようにしておけば暗記の負担を減らすことができる。

小問演習に挑戦！

1　免責特権の趣旨について通説の立場を50字程度で述べよ。
2　憲法51条で免責される「責任」は何か。また、免責されない責任は何か。
3　地方議会の議員と自由委任の原則との関係について、国会議員と比較して、100字程度で論ぜよ。

小問演習解答

1. 議院における議員の自由な発言・表決を保障し、審議体としての権能を確保しようとする点にある。

2. 免責される「責任」＝刑事責任、民事責任、公務員を兼職する場合の懲戒責任。
   免責されない「責任」＝所属団体・支持団体・選挙民等に対する政治的・道義的責任。

   ●免責される範囲

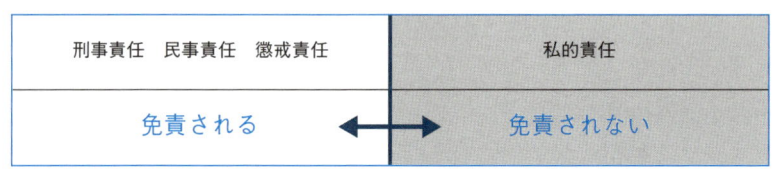

刑事責任　民事責任　懲戒責任	私的責任
免責される　←→	免責されない

3. 地方議会の議員は、住民の直接選挙で選出されることが憲法上要請されているように（93条2項）、国会議員と比べて、直接民主制的な要請が強いため、国会議員と同様の自由委任の原則は当てはまらないと考えられる。

   ●国会議員と地方議会議員の比較

	国会議員	地方議会議員
直接選挙の明文規定	なし	あり（93条2項）
不逮捕・免責特権	あり（50条・51条）	なし（免責特権につき判例）
リコールの可否	不可能	可能（地方自治法83条）

   　地方政治においては、国政と比較して、間接民主制を前提に直接民主制的な要素も取り入れられていると考えられる。また、地方議員は、全国民の代表である国会議員と比較して、命令委任的な性格が強い代表であると考えられる。

第29問　答案例

1　小問(1)について

憲法51条が**免責特権**を認めた趣旨をどのように解するかは、43条の全国民の「代表」の意味の理解と関連して争いがある。[*1]

まず、**43条の全国民の「代表」の意味は、議員は特定の選挙母体の代表ではなく、全国民の代表であり、選挙母体の訓令には拘束されず、自己の信念に基づいて発言・表決をする自由を有する（自由委任の原則）** と解する。したがって、51条の趣旨も、議院における議員の自由な発言・表決を保障し、審議体としての権能を確保しようとする点にあると解される。[*2]

とすれば、議院における議員の発言・表決であれば、幅広く免責を認めるべきである。もっとも、免責されるのは、法律上の責任に限られる。

よって、**免責される範囲は、一般社会で負わされる刑事・民事上の責任や公務員を兼職する場合の懲戒責任に限られ、所属団体・支持団体・選挙民等に対する政治的・道義的責任は除かれる。**

2　小問(2)について

免責特権の趣旨を上記のように考えれば、免責の対象は、審議体における議員の職務活動、およびこれに付随するものであると解するべきである。[*3] よって、①の野次は、議員の職務活動に付随するものとはいえないから、免責特権の対象とはならない。また、②発言が、議事堂内で行われていても、審議体としての権能とは直接には関係しないため、免責特権の対象とはならない。これに対し、③の発言は、議事堂外で行われていても、審議体における議員の職務活動であるため、免責特権の対象となる。

3　小問(3)について

免責特権は、**憲法上は国会議員の特権とされ、地方議会の議員に認める規定は存在せず、地方議会の議員には認められていない。**判例も同様に解している。[*4] そして、地方自治法などの法律にもそれを認める規定は存在しない。

この結論は、国政とは異なり、**地方政治においては、地方議会の議員が住民の直接選挙で選出されることが要請されているように（93条2項）、直接民主制的な要請が強いため、国会議員と同様の自由委任の原則は当てはまらないとも考えられることから**妥当である。むしろ、地方自治法は、各種の住民投票の制度を設け、地方議員の意思と民意との一致を図っている。[*5]

以上

[*1] 43条の「代表」の理解との関係で論ずると厚みが出る。

[*2] 以下に論述すべき事項も踏まえて、免責特権の趣旨を記述するべきである。

[*3] 免責特権の趣旨から、①〜③の内容を踏まえて記述する。

[*4] 最大判昭42・5・24

[*5] 地方議会における代表は、国会議員とは異なるとの理解を示すと加点事由となるだろう。

第30問 衆議院の優越

頻出度 B　難易度 ★☆☆

衆議院の優越について論ぜよ。　　【平成20年度・裁判所】

必須キーワード&フレーズ

二院制　衆議院の優越　参議院　両院協議会　法的効果を持つ内閣
不信任決議　予算の先議権　法律案の議決

考え方

　本問は、択一式の問題の知識を正確に押さえてあれば、最低限の答案は十分に書ける。
　さらに上位の答案をめざすためには、日本国憲法が衆議院の優越を採用した理由を挙げ、それらの理由から、憲法上の衆議院の優越の各制度を説明するとよい。

答案構成

1　衆議院の優越の定義
2　(1)　衆議院だけに与えられている権能
　　　　法的効果を伴う内閣不信任決議権、予算の先議権
　　(2)　衆議院の議決の優位
　　　　(a)法律案の議決、(b)予算の議決、(c)条約の承認、
　　　　(d)内閣総理大臣の指名
　　　　　　↓
　　　　衆議院と参議院とが対立した場合の効果
　　(3)　憲法改正の発議：優越なし
　　(4)　国会法上、会期や会期延長の決定に優越あり

> **Point**
>
> 衆議院と参議院の相違点や衆議院の優越に関する各制度は、択一式の試験でも頻繁に問われる知識であるから、正確に押さえておく必要がある。

小問演習に挑戦！

1 憲法が衆議院の優越を認めた趣旨について200字以内で説明せよ。
2 憲法上、衆議院のみに与えられている権限を2つ挙げよ。
3 憲法上、議決における衆議院の優越が規定されている場面を4つ挙げよ。
4 国会法上で認められている衆議院の優越の制度を挙げよ。

小問演習解答

1 ①二院が対等関係にある場合に比べて国会の意思形成が容易となること、および、②衆議院議員の任期が**4年**で衆議院には解散制度が存在するが（45条）、参議院議員の任期は**6年**と長くまた参議院は1回の選挙で半数ずつしか改選されない（46条）ことなどからみて、衆議院の方が**民意に密着**した会議体であり**民主主義の徹底**に資することにある。
2 ①法的効果を伴う内閣不信任決議権（69条）、②予算の先議権（60条1項）。
3 ①法律案の議決（59条2項～4項）、②予算の議決（60条2項）、③条約の承認（61条）、④内閣総理大臣の指名（67条2項）。
4 臨時会・特別会の会期および国会の会期の延長の決定（国会法13条）。

● 衆議院の優越

「法律の議決」とその他3つを分けて、後者についてはまとめて覚えよう。また、小問演習2、3についてもしっかり押さえておこう。

	参議院が衆議院と異なる議決をした場合		衆議院の議決後，参議院が放置した場合	
	両院協議会	効　果	日　数	効　果
法律の議決	任意的	衆議院で出席議員の3分の2以上の多数で再可決できる	60日	衆議院は「参議院が<u>否決した</u>」とみなす決議ができる
予算の議決	必要的	衆議院の当初の議決が国会の議決となる	30日	衆議院の当初の議決が国会の議決となる
条約の承認			30日	
総理の指名			10日	

第30問 答案例

1 衆議院の優越とは、一定の場合に、衆議院を参議院に比べて優位的な地位に置くことをいう。

憲法が衆議院の優越を認めた理由は、①二院が対等関係にある場合に比べて国会の意思形成が容易となること、および、②衆議院議員の任期が4年で衆議院には解散制度が存在するが、参議院議員の任期は6年と長くまた参議院は1回の選挙で半数ずつしか改選されないことなどからみて、衆議院の方が民意に密着した会議体であり民主主義の徹底に資することにある。*1

2 (1) 衆議院だけに与えられている権能*2には、まず、法的効果を伴う内閣不信任決議権がある。これは、上記②の理由である衆議院の方が民意に密着した会議体であることに基づく。次に、衆議院は予算の先議権を有する。これは、後述の予算議決の際の衆議院の優越と合わせて、衆議院が先に予算を議決できるようにした方が、速やかに予算の成立が可能となるためであり、上記①の理由による。*3

(2) 衆議院の議決は、憲法上、(a)法律案の議決、(b)予算の議決、(c)条約の承認、(d)内閣総理大臣の指名について、参議院の議決に優位するとされている。*4 これらは、上記①の国会の意思形成を容易にし、その際に上記②の民意に密着した衆議院の意思を優先させるために認められた。

衆議院と参議院とが対立した場合には、(b)(c)(d)は最終的に衆議院の議決が国会の議決となる。これに対し、(a)は、衆議院で出席議員の3分の2以上の多数で再可決される必要がある。ただし、衆議院で3分の2以上の安定した多数派が形成されることを常には期待できない以上、法律の制定に関しては国会が停滞するおそれがある。*5

(3) これらに対し、憲法改正の発議の場面では、衆議院の優越はなく両院対等である。これは憲法改正という事柄の重大性のため、慎重な審議を優先させたためであると解される。*6

(4) さらに、国会法上、臨時会・特別会の会期および国会の会期の延長の決定について衆議院の優越が認められている。このような制度を法律で設けることも、「国会の議決」とは異なる「両議院一致の議決」を求める場合であるから合憲と解される。そして、上記の②の衆議院の方が民意に密着した会議体であることから、衆議院の優越が規定されたと考えられる。*7

以上

*1 衆議院の優越の趣旨から、衆議院の優越を規定する各制度との関係を論述していこう。

*2 ここは択一式の知識である。

*3 上記の「理由」①②から推測して書けるとよい。

*4 ここも択一式の知識である。

*5 上記の「理由」①②から推測して書けるとよい。

*6、*7 時間やスペースに余裕がなければ省略可能。

第31問　国政調査権

頻出度 A　難易度 ★★

次の問いのいずれにも答えよ。
(1) 国政調査権の性質について、独立の権能であるとする説と補助的権能であるとする説があると言われている。この両説について説明せよ。
(2) 国政調査の対象と方法について、権力分立、人権保障の観点からどのような制約があるかについて論ぜよ。【平成17年度・国税専門官】

必須キーワード&フレーズ

国政調査権　国権の最高機関性　独立権能説　補助的権能説　行政国家現象　**司法権の独立　異なる目的の並行調査**　準司法作用　公務員の職務上の秘密　知る権利

考え方

国政調査権の法的性質については、憲法41条が、国会は国権の最高機関であるとしている「最高」の意味の理解と関連づけて論じるとよい。
国政調査権の対象に関しては、司法権の独立との関係が最重要なので厚く論じよう！

答案構成

(1) 国政調査権の性質
　　独立権能説、補助的権能説
　　　憲法41条の「最高機関」との関連
(2) ① 権力分立の観点からの制約
　　　・司法権の独立との関係
　　　・検察権との関係
　　　・一般行政権との関係
　　② 人権保障の観点からの制約

第31問 国政調査権

Point

小問演習1にもあるように、国政調査権の法的性質は、憲法41条の国会が国権の「最高」機関とされる意味と関連づけて押さえておくとよい。また、小問演習2の知識は択一式の試験でも頻繁に出題されているので、正確に押さえておこう。

小問演習に挑戦！

1 次の空欄〔　〕に入る語句を答えよ。
　憲法41条の「国権の最高機関」の意味を国会が国権の統括機関であると位置づける立場では、国政調査権の性質について〔　①　〕の立場に立つ。これに対し、「国権の最高機関」の意味を国政の中心に位置する重要な機関であるという点に着目して国会に付した政治的美称であると解する立場では、国政調査権の性質について〔　②　〕の立場に立つ。この立場は、〔　③　〕事件において最高裁判所が採用する立場である。

2 現に裁判所に係属中の事件に関して、議院が国政調査権を行使することが許される場合および許されない場合について100字程度で述べよ。

小問演習解答

1 ①—独立権能説　②—**補助的権能説**　③—浦和
2 裁判官の訴訟指揮の調査や、裁判内容の当否を批判する調査は許されないが、裁判所で審理中の事件の事実について、議院が国政調査権により裁判所と並行して調査をすることは、**裁判所と異なる目的**であれば、許される。

●司法権に対する国政調査

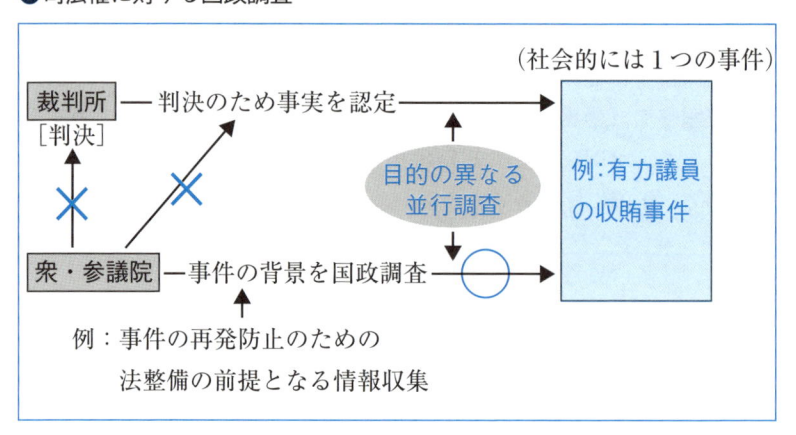

```
                                    （社会的には1つの事件）
  ┌─────┐
  │ 裁判所 │── 判決のため事実を認定 ──→ ┌──────┐
  │［判決］│              ↑          │例:有力議員│
  └─────┘         ┌────────┐    │の収賄事件│
     ↑  ╲         │目的の異なる│    │         │
     ×   ×        │  並行調査  │    │         │
     │    ╲       └────────┘    │         │
  ┌─────┐              ↓          │         │
  │衆・参議院│── 事件の背景を国政調査 ─○→└──────┘
  └─────┘
       ↑
   例：事件の再発防止のための
       法整備の前提となる情報収集
```

第31問　答案例

(1)について

　国政調査権の性質について、**独立の権能**であるとする説は、憲法41条の「国権の最高機関」の意味を国会が国権の統括機関であると位置づけ、議院の国政調査権は国権を統括するための手段として、議院に与えられた独立の権能であるとする。これに対し、**補助的権能**であるとする説は、まず、「国権の最高機関」の意味を国会が国民を代表し国政の中心に位置する重要な機関であるとする点に着目して、国会に付した政治的美称であると解する。その上で、**国政調査権は、代表民主制のもとで、国民に代わって国政に関与する代表者が、国会の権能を行使する際に、国政に関する十分な知識、正確な認識を獲得するために、議院に対して補助的に与えられた事実の調査権能**であるとする。この補助的権能説が通説であり、浦和事件で最高裁がとった立場である。

(2)について

① 権力分立の観点からの制約

　まず、**司法権の独立**との関係が問題となる。[*1] 司法権の独立の内容として、裁判官が裁判をするにあたり、他の国家機関から事実上重大な影響を受けることを禁ずることが要請される。とすれば、現に裁判所に係属中の事件に関して、裁判官の訴訟指揮の調査や、裁判内容の当否を批判する調査は許されないと考えるべきである。ただし、裁判所で審理中の事件について、**議院が裁判所と並行して行う調査は、裁判所と異なる目的であれば、司法権の独立を侵害せず、国政調査権の範囲を逸脱しない**と解する。[*2]

　検察事務は行政作用であるから、国政調査権の対象となる。もっとも、検察権は裁判と密接にかかわる**準司法的作用**であるから、検察権に対する国政調査についても、司法権に対するのと同様の制約に服する。[*3]

　一般行政権との関係では、**公務員の職務上の秘密**に関する事項には、調査権は及ばない。もっとも、**内閣は、行政権の行使について国会に対して連帯して責任を負う以上**（66条3項）、職務上の秘密の範囲はできる限り限定して考える必要がある。

② 人権保障の観点からの制約

　人権保障の観点からの制約としては、**基本的人権を侵害するような調査は当然に許されない**。例えば、プライバシーの侵害や調査の過程で思想の露顕を求めるような質問は許されない。

以上

[*1] 司法権の独立との関係については不可欠の論点である。

[*2] 並行調査の問題は択一式でも頻出の知識である。

[*3] 具体的には、①目的が、起訴不起訴に政治的圧力を加える調査、②対象が、起訴事件に直接関連する事項や公訴追行を内容とする調査、③方法が、捜査の続行に重大な支障を来す場合などは、違法・不当となると考えられている。

第32問　衆議院の解散

頻出度 B　難易度 ★★★

次のような法律が制定されたと仮定する。この法律に関する憲法上の論点について、検討せよ。
「衆議院の解散は、日本国憲法第69条に定める場合のほか、内閣提出の重要案件（法律案のほか予算及び条約締結の承認を求める案件を含む）が衆議院で否決された場合に限り、行うことができる。」

【平成16年度・国家Ⅰ種】

（参考）　憲法
第69条　内閣は、衆議院で不信任の決議案を可決し又は信任の決議案を否決したときは、10日以内に衆議院が解散されない限り、総辞職をしなければならない。

必須キーワード&フレーズ

衆議院の解散　憲法69条　内閣不信任決議　天皇は国政に関する権能を有しない　議院内閣制　実質的解散権　天皇の国事行為　解散権の限界

考え方

本問は、次の多数説・実務の立場を踏まえて論じよう。

すなわち、まず、衆議院の解散は、憲法69条の場合に限られないとする。そして、衆議院の解散は、7条3号で天皇の国事行為とされており、天皇へ助言と承認を行うのは内閣だから、内閣が衆議院の解散の実質的決定権を持つと考える立場である。

もっとも、7条3号には解散権行使の限界は規定されていないが、一定の限界は存在すると解されている。この点についても論じられれば高得点が付く。

答案構成

1 衆議院の解散は憲法69条の場合以外も可能か
　　限定されない
　　　⬇
　　本問の法律はこの点では憲法上許容される
2 解散を、内閣提出重要案件の衆議院否決の場合に限定しても合憲か
　　内閣は、法的にはいつでも自由に解散の決定可能
　　　⬇としても
　　解散は内閣が民意を問う必要がある場合に限る
　　　本問の場合はOK
　　　⬇もっとも
　　この場合以外にも民意を問う必要があれば解散権行使は可能
　　　⬇よって
　　本問の場合に限ることは違憲

Point

小問演習1については択一式試験対策としても正確に押さえておく必要がある。小問演習2については、この機会に押さえておけばよいであろう。

小問演習に挑戦！

1 [　　]には適切な語句を、【　　】には適切な数字を入れよ。
　　第69条　内閣は、衆議院で不信任の決議案を可決し、又は信任の決議案を否決したときは、【　①　】日以内に[　②　]が[　③　]されない限り、総辞職をしなければならない。
　　第4条1項　天皇は、この憲法の定める国事に関する行為のみを行ひ、[　④　]に関する[　⑤　]を有しない。

第7条　天皇は、[　⑥　]の[　⑦　]と[　⑧　]により、国民のために、左の国事に関する行為を行ふ。
　　　3号　衆議院を解散すること。
2　内閣が衆議院の解散の実質的決定権を有し、かつ、解散権の行使に一定の限界があるとする立場では、いかなる場合に解散権を行使できるのか。その具体例を複数挙げよ。

小問演習解答

1　①—10　　②—衆議院　　③—解散　　④—国政
　　⑤—権能　　⑥—内閣　　⑦—助言　　⑧—承認
2　(1)衆議院で内閣の重要案件が否決されたり審議未了になった場合
　　(2)政界再編成等により内閣の性格が基本的に変わった場合
　　(3)総選挙の争点でなかった新たな重大な政治的課題に対処する場合
　　(4)内閣が基本政策を根本的に変更する場合
　　(5)議員の任期満了時期が接近している場合など。

第32問　答案例

1　本問の法律は、衆議院の解散を憲法69条に定める場合のほかにも認めようとするものであるが、この点は憲法上許容されるのか。衆議院の解散は69条に定める場合以外にも可能かについては、争いがあり問題となる*1。

　衆議院の解散が69条の場合に限られるとすると、衆議院で多数の議席を占める与党が支える内閣に対して、不信任決議が成立する可能性は少ないため、解散権が行使される場合が限定されてしまう。また、69条は、内閣が不信任された場合の法的効果を定めたにすぎず、解散できる場合を限定するものではない。とすれば、衆議院の解散は69条の場合に限定されないと解すべきである。

　したがって、本問法律が69条の場合以外にも解散を認めようとする点は、憲法上許容される。

2　次に、本問の法律は、衆議院の解散を、69条の場合のほか、内閣提出の重要案件が衆議院で否決された場合に限定して認めるものである。このような限定は憲法上、許容されるか。

　まず、7条3号は衆議院の解散を天皇の国事行為としているが、天皇は国政に関する権能を有しないため（4条1項）、解散の実質的決定権者は、天皇に対して助言と承認を行う内閣であると解される。そして、7条3号には解散について何らの制限も付いていない。*2とすれば、内閣は、法的には、いつでも自由に解散を決定できると解する。*3としても、解散は国民に対して信を問う制度であるから、例えば、内閣の一方的な都合や党利党略による解散は認められず、解散できる場合には限界があると解する。

　では、いかなる限界があるのか。憲法が採用する議院内閣制の下では、内閣は、国会を媒介として国民からコントロールを受けるという関係にある。であれば、内閣は国民に対する政治責任を果たすためにも、内閣が民意を問う必要がある場合に限り、解散権を行使できると考えるべきである。例えば、本問の衆議院で内閣提出の重要案件が否決された場合には解散権を行使できる。

　もっとも、この場合だけでなく、*4総選挙の争点でなかった新たな重大な政治的課題に対処する場合や、内閣が基本政策を根本的に変更する場合などにも、民意を問う必要があるといえるので、解散権の行使は認められると解する。

　したがって、本問のように、内閣提出の重要案件が衆議院で否決された場合に解散権の行使を限定することは、憲法に違反する。

以上

*1 まずはこの論点から書いていくとよい。

*2 衆議院解散権の根拠を7条3号に求める見解であり、これが現在の慣行となっている。

*3 法的には限界がないが、何らかの限界があるのではないか、という流れを出す。

*4 問題文は、衆議院の解散を内閣提出の重要法案が否決された場合に限定している。

独立行政委員会

頻出度 C　難易度 ★★

独立行政委員会の意義とその合憲性について論ぜよ。

【平成10年度・国税専門官】

必須キーワード&フレーズ

独立行政委員会　合議制の行政機関　人事院　公正取引委員会　行政権　憲法65条　内閣のコントロール

考え方

独立行政委員会が合憲とされる点は争わなくてもよい。問題は合憲とする根拠である。この根拠は、憲法65条の規定に例外を認めるか否かで2つのパターンに分かれる。

一定の例外を認める立場が通説なので、この立場の実質的根拠と形式的根拠を述べる必要がある。

答案構成

1 独立行政委員会の定義、任務と具体例
2 独立行政委員会と憲法65条との関係
　　合憲とする根拠での争い
　　　　⬇
　　65条は一切の例外を許容せず
　　　　⬇しかし
　　65条は一定の例外を認めていることを前提にすべき
　　　　⬇その根拠
　　実質的根拠、形式的根拠

Point

小問演習3は、憲法65条は一定の例外を許容していることを前提に独立行政委員会の合憲性を認める立場である。その実質的根拠・形式的根拠を中心に押さえておこう。

小問演習に挑戦！

1. 独立行政委員会とは何か50字程度で述べよ。
2. 憲法65条は一切の例外を許容しないことを前提に独立行政委員会の合憲性を認める立場の根拠を80字程度で述べよ。
3. 憲法65条は一定の例外を許容していることを前提に独立行政委員会の合憲性を認める立場の形式的根拠を100字程度で述べよ。

小問演習解答

1. 法令の定めによって、内閣から独立して職務を遂行することが認められた**合議制の行政機関**。
2. 独立行政委員会の予算の編成権と委員の任命権を内閣が掌握して、独立行政委員会は内閣のコントロール下にあるから憲法65条に違反しないとする。
3. 国会を「**唯一の立法機関**」と規定する憲法41条や、「すべて司法権は」と規定する76条1項とは異なり、行政権配分規定である65条は権限の独占を示唆する文言が存在しない。

● 独立行政委員会の合憲性

65条の例外を認めるか	独立行政委員会を合憲とする根拠
例外を認めない	独立行政委員会の予算の編成権と委員の任命権は内閣が掌握している。
例外を認める	行政権が内閣に属するというのは、内閣に属することに積極的意味があるのではなくて、立法権、司法権に属しないことに意味がある。
	65条が行政権を内閣に帰属させている趣旨は、国会に対する責任行政を確保しようとすることにあるから、独立行政委員会が直接国会のコントロールを受けるのであれば、同条には反しない。
	裁決や審決などの準司法作用などは、その性質上、国会のコントロールになじまないものであり、それが内閣の監督を受けないとしても問題はない。
	国会を「唯一の立法機関」と規定する41条や、「すべて司法権は」と規定する76条1項とは異なり、行政権配分規定である65条には権限の独占を示唆する文言が存在しない。

第33問　答案例

1　独立行政委員会とは、法令の定めによって、内閣から独立して職務を遂行することが認められた合議制の行政機関である。[*1]独立行政委員会の任務は、準立法的作用、準司法的作用、および政治的中立性の確保が強く要請される行政作用を行う。具体的には、人事院、公正取引委員会、国家公安委員会、中央労働委員会などが存在する。[*2]

2　(1)　もっとも、内閣から独立して職務を行う独立行政委員会の制度は、「行政権は、内閣に属する」と定める憲法65条との関係で憲法上容認されるのか。容認されるとする結論についてはほぼ争いはないが、その根拠については争いがあり問題となる。[*3]

(2)　まず、65条の文言を素直に解釈して、65条は一切の例外を許容しないことを前提として、独立行政委員会の予算の編成権と委員の任命権を内閣が掌握していることを根拠に、独立行政委員会は内閣のコントロール下にあるとする立場がある。

しかし、任命権と予算権だけで内閣のコントロール下にあるといえるなら、裁判所についても同様に内閣のコントロール下にあることになってしまい、憲法が採用する三権分立の制度と相容れないため妥当でない。

(3)　そこで、65条は一定の例外を認めていることを前提に独立行政委員会の合憲性を考えるべきである。その根拠は次のとおりである。[*4]

まず、実質的根拠として、行政権が内閣に属するというのは、行政権が、内閣に属することに積極的意味があるのではなく、立法権や司法権に属しないことに意味があるのである。とすれば、独立行政委員会のような内閣以外の行政機関が行政権を行使したとしても、権力分立の目的に反するとまでいう必要はない。次に、65条が行政権を内閣に帰属させている趣旨は、国会に対する責任行政（66条3項）を確保することにあるから、独立行政委員会が直接国会のコントロールを受けるのであれば、民主主義の観点から合憲と解してよい。[*5]

さらに、形式的根拠としては、国会を「唯一の立法機関」とする41条や、「すべて司法権は」とする76条1項とは異なり、65条は行政権の独占を示唆する文言が存在しないことは、憲法が、内閣に属しない行政権の存在を認めていると解される。

以上

---

*1 定義は正確に書こう。

*2 このように具体例を挙げられるとよい。

*3 結論の争いではなく、根拠の争いである点を明示する必要がある。

*4 根拠は実質的なものと形式的なものを挙げるべきである。

*5 とくに政治的な中立性が要求される作用については、その性質上、内閣・国会のコントロールにも適さないので、内閣の責任を問うことはできないということも根拠として挙げられる。

第34問 内閣の権能

頻出度 C　難易度 ★★★

「内閣は、法律の執行に際して当該法律が違憲であるとの疑いを持ったときは、直ちに執行を停止し、最高裁判所に合憲性に関する意見を求めなければならない。合憲であるとの意見が得られたときは、当該法律を再び執行することができる。」とする法律が制定されたとする。それに含まれる憲法上の問題点について論じなさい。

【平成18年度・国家Ⅰ種】

必須キーワード&フレーズ

内閣による法律の誠実執行義務　付随的（具体的）違憲審査制　抽象的違憲審査制　警察予備隊違憲訴訟　具体的な事件性

考え方

本問の法律は次の3点が問題となる！
①憲法上の内閣の誠実執行義務を法律によって解除できるのか。
②違憲の疑いが生じた法律の執行を内閣が一時的に停止できるのか。
③法律で、最高裁判所に具体的事件を離れて法律の違憲審査権を与えることは可能か。

これらのうち、①と②については憲法全体の理解ができていれば対応可能だ。これに対し、③はそもそも問題点に気づきにくいと推測されるし、本問の特殊性（ある程度は具体的な事件性を有する法律執行段階での審査を求める法律であること）に気づくことができればトップレベルの答案となるであろう。

第34問 内閣の権能

答案構成

1 憲法上の**内閣の法律の誠実執行義務**を本問法律で解除できるか
　最高裁の合憲意見があるまでの執行停止にすぎない
　　　↓
　違憲とはいえない
2 違憲の疑いある法律の執行を内閣が一時的に停止できるか
　人権保障の観点から執行の一時的停止は許容
　　　↓しかし
　憲法は内閣に法律の違憲審査権を与えていない
　　　↓よって
　執行の一時的な停止は不可
3 法律で最高裁に具体的事件を離れた法令審査権を与えてよいか
　81条は最高裁への抽象的審査権付与を禁止せず、法律で定めれば可能
　執行段階ではある程度の具体的事件性は有している
　　　↓よって
　本問法律で権限や手続も定めれば合憲

Point

統治機構全体についての理解が必要である。国会・内閣・裁判所のそれぞれの役割の違いを理解しておく必要がある。

小問演習に挑戦！

1 [　]に適切な語句を入れよ。
　　第73条　内閣は、他の一般行政事務の外、左の事務を行ふ。
　　　1号　[　①　]を誠実に[　②　]し、国務を総理すること。
2 ある法律が違憲と判断される場合、それを是正する仕組みとして憲法はいかなる制度を予定しているか、100字程度で述べよ。

3 わが国の違憲審査制の性格に関する抽象的違憲審査制説について80字程度で説明せよ。

小問演習解答

1 ①—法律　②—執行
2 違憲と判断される法律については、国会によって改正または廃止される（41条）か、裁判所による違憲審査（81条）によって無効とされる（98条1項）ことで是正される仕組みを憲法は予定している。
3 最高裁判所に、付随的違憲審査権の他に、具体的な争訟とは関係なく、法令等の合憲性を抽象的・一般的に審査・決定する憲法裁判所的権限が与えられているとする立場である。

判例

警察予備隊違憲訴訟（最大判昭27・10・8）

現行の制度の下においては、**特定の者の具体的な法律関係について紛争が存する場合にのみ、裁判所にその判断を求めることができる**のであり、裁判所が具体的な事件を離れて抽象的に法律命令等の合憲性を判断する権限を有するとの見解には、憲法上及び法令上、何らの根拠もない。

第34問　答案例

1　内閣は法律の誠実執行義務を負う（73条1号）が、本問の法律は、この義務を解除するもので許されないのではないか。*1

本問の法律は内閣自身が違憲判断を行って誠実執行義務を解除するものではなく、内閣が最高裁判所による憲法判断を求め、合憲との意見が得られるまで執行を停止するものにすぎない。

よって、本問の法律は、憲法上の誠実執行義務を解除するものではないから、許されないとはいえない。

2　次に、違憲の疑いが生じた法律の執行を内閣が一時的に停止することが許されるか。*2

確かに、人権の保障を実現する観点からは、行政権を行使する内閣が違憲の疑いを持った法律の執行を一時的にでも停止することは許容されるようにも思える。

しかし、憲法は、内閣に法律の違憲審査権を与えておらず、違憲の法律は、国会による法律の改正・廃止（41条）か、裁判所による違憲審査（81条）によって是正される仕組みを予定していると解される。また、内閣にこのような権限を付与することは、現代の行政権が肥大化した現象の下では認めるべきではない。*3

よって、違憲の疑いが客観的に認められる法律であっても、内閣の法律執行義務は一時的にも免除されない。

3　本問の法律は、内閣が最高裁判所に合憲性に関する意見を求めるものである。このように、法律で、最高裁判所に具体的事件を離れて法律の違憲審査権を与えることは合憲か。*4

確かに、憲法は、具体的な事件を裁く司法権を行使する裁判所に違憲審査権を付与している（81条）以上、具体的な事件を離れて抽象的に違憲審査を行うことは認められないようにも思える。

しかし、81条は最高裁判所に抽象的審査権を与えることを禁止しているわけではなく、法律でその権限や手続を定めれば、最高裁判所が抽象的に違憲審査を行うことも可能であるとも解される。警察予備隊違憲訴訟の最高裁判決も、その可能性を認めているとも読める。

また、本問のような内閣が法律の執行段階で最高裁判所に判断を求める場合であれば、ある程度は具体的な事件性を有しているともいえる。*5

よって、本問の法律で最高裁判所の権限や手続も定めるのであれば、本問の法律は合憲である。

以上

*1　この論点は必須ではないが、書けると加点が期待できる。

*2　この問題が本問の中心である。

*3　この視点から論述できれば加点が期待できる。

*4　この論点に気づいただけで得点はアップする。

*5　この視点を出せると上位の合格答案となるであろう。

第35問 参議院の問責決議

頻出度 C　難易度 ★★★

国会両議院における与野党の議席の占める割合が逆転しており、かつ、ある内閣提出法案Aをめぐって、政府・与党側と野党側の意見の隔たりが大きく、合意に達するのが難しいという場合を想定せよ。

この場合に、内閣総理大臣Xに対する問責決議案が参議院本会議に提出され、当該決議案では内閣が総辞職するか衆議院を解散するかを求めていたものと仮定する。当該決議案に関する憲法上の論点について論ぜよ。

【平成21年度・国家Ⅰ種】

必須キーワード&フレーズ

内閣提出法案　**内閣不信任決議**　**問責決議**　法的効果　衆議院の優越　内閣総辞職　衆議院の解散　**政治的効果**

考え方

参議院による内閣総理大臣に対する**問責決議**については憲法69条のような規定はない。

そこで、次の3点が問題となる！
①そもそもこの決議は可能なのか？
②可能としても、決議案の提出時期に制約はないのか？
③決議案が可決された場合の効果は何か？

これらについて、国会と内閣との関係、国会の地位、衆議院と参議院の関係、衆議院による**内閣不信任決議**との比較などを踏まえながら論じていくことになる。

第35問 参議院の問責決議

答案構成

1 参議院による内閣総理大臣に対する**問責決議**は憲法上可能か
   憲法66条3項で内閣は参議院に対しても責任を負う
   ↓よって
   内閣の責任を追及する手段の一つとして可能
2 (1) 参議院は問責決議案を無制限に提出できるか
   ↓まず
   (2) 国会は国民の代表機関。問責決議は民意を反映すべき
   ↓次に
   (3) 国会は唯一の立法機関。責任追及は立法活動を妨げない限りで可
3 参議院による内閣総理大臣の問責決議案可決の効果
   政治的効果を有するにとどまる
   ↓
   本問の問責決議は可能

Point

まずは、憲法69条が、「衆議院」が「内閣」を不信任とした場合の「法的」効果を規定している点を正確に押さえておく必要がある。

小問演習に挑戦！

1 衆議院が内閣を不信任した場合の法的効果の内容を40字以内で述べよ。
2 参議院による内閣総理大臣の問責決議案が可決された場合、いかなる効果が生ずるのかの結論と憲法上の形式的根拠を合計80字程度で述べよ。

小問解答

1　10日以内に衆議院が解散されない限り、内閣は総辞職をしなければならない。

2　政治的効果を有するにとどまる。その理由は、衆議院で内閣の不信任決議がなされた場合の憲法69条のような規定が参議院による問責決議には存在しないからである。

	効　果
衆議院による内閣不信任決議	法的効果（10日以内に衆議院を解散or内閣総辞職）
参議院による内閣総理大臣の問責決議	政治的効果（内容は決められていない）

第35問 答案例

1　本問の、**問責決議案**を参議院本会議で議決できるか。[*1]
　内閣は国会に対して連帯責任を負うから（66条3項）、内閣は参議院に対しても責任を負っているといえる。とすれば、参議院が内閣の責任を追及することは可能であり、その手段の一つとして、内閣総理大臣の責任も追及できると考えられる。
　よって、本問の問責決議案を参議院本会議で議決できる。

2　(1)　では、参議院は問責決議の前提となる決議案を無制限に提出できるのであろうか。[*2]

(2)　まず、国会は主権者である**国民の代表機関**（1条、43条）であるから、参議院による問責決議は民意を反映して行われるべきである。よって、与野党の議席割合の逆転が、直近の衆議院総選挙で生じた場合には、参議院は問責決議案の提出を控えるべきであるが、直近の参議院通常選挙で生じた場合には、参議院による問責決議案の提出は許容されやすいと考える。[*3]
　本問では、直近の国政選挙は不明であるが、それが参議院通常選挙であれば、問責決議案の提出は許容される。

(3)　次に、国会の役割は、立法活動が何よりも重要である（41条参照）。とすれば、国会や両議院による内閣等への責任追及は、立法活動の妨げにならない限りで行うべきである。また、衆議院が可決した法律案を参議院が否決することでも、内閣に対する事実上の不信任となる。[*4]よって、参議院による問責決議案の提出は、法案審議に決着がついた会期末近くに行うべきである。
　本問では、参議院はまず法案Aを否決すべきであり、それをせずにXに対する不信任決議を行うことは原則としてできない。

3　内閣総辞職または衆議院解散という効果を生じさせる問責決議は可能か。参議院による問責決議の効果が問題となる。[*5]
　衆議院による内閣不信任決議には憲法69条により法的効果が生ずるが、参議院による問責決議には69条のような規定は存在しない。これは、衆議院の優越の表れである。とすれば、内閣総理大臣の指名に関しても劣後的な地位に置かれる参議院（67条2項参照）による問責決議には、強力な効果を認めるべきではなく、憲法の明文規定がない以上は、その決議は政治的効果を有するにとどまると考えられる。
　本問の問責決議案は、可決されても政治的効果しか生じないのであるから、効果の点では、本問の問責決議は可能である。

以上

[*1] ここを論述できれば加点が期待できる。

[*2] この論点を、問題文に即して厚く論じることができるかどうかが、本問の最大のポイントとなる。

[*3]と[*4]のように実際の国会における審議について具体的に考えられると評価が高い。

[*5] この論点は本問では必須である。

第36問 司法権の範囲と限界

頻出度 A　難易度 ★☆☆

司法権の範囲と限界について論ぜよ。
【平成9年度・裁判所】

必須キーワード&フレーズ

司法権　行政事件　**法律上の争訟**　自律権　自由裁量行為　統治行為論　部分社会の法理

考え方

司法権の範囲については、行政事件の裁判も含まれるのかが問題になる。

司法権の限界については、司法権は原則として「法律上の争訟」に対して行使されることを指摘することが不可欠である。

その上で、司法権の限界となるものには、

① 「法律上の争訟」に該当しない場合

② 「法律上の争訟」に該当するが特定の理由により司法審査が及ばない場合

の2つの場合があることに注意して論述する必要がある。

答案構成

1　司法権の範囲　（行政事件も含むか）
　　　↓
　　含む
2　司法権の限界
　(1)　**法律上の争訟**の意味
　　　↓
　(2)　法律上の争訟に該当しない場合
　　　↓　具体例について検討
　(3)　法律上の争訟に該当するが司法審査が及ばない場合
　　　　具体例について検討

第36問 司法権の範囲と限界

> **Point**
> 司法権の限界として、法律上の争訟に該当しない場合と、法律上の争訟に形式的には該当するが、例外的に司法審査の対象とはならない場合の2つのパターンの違いに注意する必要がある。その上で、後者の場合の中の各根拠を整理して押さえる必要がある。

小問演習に挑戦！

1 司法権の範囲に行政事件が含まれるのかについて100字程度で述べよ。

2 次の空欄に入る語句を答えよ。

　「法律上の争訟」（裁判所法3条1項）とは、当事者間の［　ア　］的な［　イ　］ないし［　ウ　］の存否に関する争いであり、かつ、法律を［　エ　］することにより［　オ　］的に［　カ　］することができるものである。

3 法律上の争訟に該当しない場合の例を複数挙げよ。

4 法律上の争訟に該当するが、例外的に司法審査の対象とはならない場合の例を複数挙げよ。

小問演習解答

1 日本国憲法は、76条2項で**特別裁判所の設置を禁止**し、行政機関による終審裁判を禁止していることから、行政事件を含めたすべての事件を司法権が帰属する通常裁判所に属させている。よって、司法権の範囲に行政事件も含まれる。

2 ア―具体　イ―権利義務　ウ―法律関係　エ―適用　オ―終局　カ―解決

3 ① 抽象的な法令の解釈または効力についての争い（警察予備隊違憲訴訟）。

　② 単なる事実の存否、個人の主観的意見の当否、学問上・技術上の論争。

　③ 純然たる信仰の対象の価値または宗教上の教義に関する争い。

　④ 宗教上の地位に関する争い。

　⑤ 訴訟が形式的には「法律上の争訟」であっても、宗教問題が前提問題

として扱われる場合で、紛争の核心が宗教上の争いであって紛争が全体として裁判所による解決に適しない場合（板まんだら事件）。

4 ① 憲法明文上の例外（資格争訟の裁判（55条）、弾劾裁判（64条、78条前段））。
② 国際法による例外（治外法権・条約による裁判権の制限）。
③ 国会ないし各議院の自律権に属する行為（懲罰、議事手続など）。
④ 行政機関ないし国会の「自由裁量」に属する行為。
⑤ 統治行為（砂川事件、苫米地事件）。
⑥ 部分社会（地方議会、大学、政党）。

判例

板まんだら事件（最判昭56・4・7）

訴訟が具体的な権利義務ないし法律関係に関する紛争の形式をとる場合でも、**信仰の対象の価値または宗教上の教義に関する判断が訴訟の帰すうを左右する前提問題となり、紛争の核心となっているときには**、その訴訟は法律上の争訟に該当しない。

富山大学事件（最判昭52・3・15）

大学での単位授与（認定）行為は、それが**一般法秩序と直接の関係を有するもの**であることを肯認するに足りる特段の事情のない限り、**純然たる大学内部の問題として大学の自主的、自律的判断にゆだねられるべき**ものであるから、裁判所の司法審査の対象にはならない。

第34問の警察予備隊違憲訴訟、第37問の砂川事件、苫米地事件を参照。

第36問　答案例

1　司法権の範囲
　司法権の範囲には、民事裁判および刑事裁判のほかに、行政事件の裁判も含まれるか。*1
　日本国憲法は、76条2項で特別裁判所の設置を禁止し、行政機関による終審裁判を禁止していることから、行政事件を含めたすべての事件を司法権が帰属する通常裁判所に属させている。
　よって、司法権の範囲には、行政事件の裁判も含まれる。

2　司法権の限界
(1)　司法権は、具体的な争訟と同義である裁判所法3条の「**法律上の争訟**」について行使される。この「**法律上の争訟**」とは、**当事者間の具体的な権利義務ないし法律関係の存否に関する争いであり、かつ、法律を適用することにより終局的に解決することができるものである。**よって、この要件を満たす紛争は、原則として司法権の範囲内となり、裁判所の司法審査の対象となる。*2
　これに対し、司法権の限界には大別して、①「法律上の争訟」に当たらない場合と、②「法律上の争訟」には当たるが例外的に司法審査が及ばない場合がある。

(2)　①法律上の争訟に当たらない場合*3、4
　㋐抽象的に法令の解釈または効力について争うことや*5、㋑学問上・技術上の当否の判断や、㋒宗教上の教義の判断や宗教上の地位の確認の訴え、また、㋓訴訟が形式的には「法律上の争訟」であっても、紛争の核心が宗教上の争いであって紛争が全体として裁判所による解決に適しない場合*6にも、法律上の争訟には該当せず、司法権の範囲外となる。

(3)　②法律上の争訟には当たるが、司法審査が及ばない場合
　まず、㋐資格争訟の裁判と弾劾裁判は、**憲法明文上の例外**として、また、㋑治外法権・条約による裁判権の制限などは、**国際法による例外**として司法審査は及ばない。次に、㋒国会や各議院の**自律権**に属する法律制定の議事手続*7などに関する争いや、㋓行政機関ないし国会の**自由裁量に属する行為**についても、司法審査は及ばない。次に、㋔直接国家統治の基本に関する高度に政治性のある国家行為についても司法審査は及ばない（**統治行為論***8）。最後に、㋕地方議会、大学、政党などの自律的な法規範を有する団体（**部分社会**）の内部紛争についても司法審査は及ばない*9。

以上

*1 この問題点にも触れるべきである。

*2 法律上の争訟の定義はできるだけ正確に書けるようにしよう。

*3 択一式の問題でも頻出の知識である。

*4 【裁判所：平成23年度】では「法律上の争訟について説明した上、法律上の争訟に当たらないとされる具体例について述べよ。」という出題があった。

*5 警察予備隊違憲訴訟
*6 板まんだら事件
*7 警職法改正事件
*8 砂川事件、苫米地事件
*9 富山大学事件、共産党袴田事件など。

第37問 統治行為論

頻出度 C　難易度 ★★★

統治行為論について、①適用すべき場合、②精神的自由権に対する違憲審査において適用すべきか。　【平成13年度・北九州市】

必須キーワード&フレーズ

統治行為論　法律上の争訟　高度の政治性　内在的制約説　自制説
苫米地事件　砂川事件　徹底した法の支配　精神的自由権　民主政の過程

考え方

　統治行為論は有名な論点であるが、択一式試験用の知識だけでは最高裁判所が統治行為論を用いた事件を挙げるのが精一杯だろう。本問は、統治行為論の内容を十分に理解していなければ論述が難しいため、難問であると言える。特に、②の精神的自由権に対する違憲審査と統治行為論との関係については、初見の人も多かったはずである。この問題は、統治行為論の論拠の内在的制約説から、いわゆる二重の基準の根拠の1つである民主政の過程に関する問題を想起できれば、推測により論述することもできるだろう。

答案構成

1　適用すべき場合
　統治行為論の定義、論拠（内在的制約説、自制説）
　　⬇もっとも
　日本国憲法は徹底した法の支配が原則
　　⬇とすれば
　適用すべき場合は厳しく限定
2　精神的自由権に対する違憲審査への適用
　統治行為論は民主政の理論に基づき、民主政は国民の自由な言論活動に支えられる。

> ↓とすれば、
> 表現の自由などの精神的自由権の確保が不可欠
> 裁判所の積極介入による民主政の回復が必要
> ↓よって
> 精神的自由権に対する違憲審査には適用すべきでない。

Point

統治行為論については、定義とともにその論拠も押さえておこう。論拠を十分に理解していれば、応用問題にも推論によって対応できる。

小問演習に挑戦！

1 統治行為論の定義を100字以内で述べよ。
2 統治行為論を採用した最高裁判決の事件名を2つ挙げ、それぞれの事件でいかなる国家行為が問題となったかを簡潔に答えよ。
3 次の文章は、ある最高裁判決の判旨である。文中の空欄に入る適切な語句を答えなさい。

「直接国家統治の基本に関する［ ① ］に［ ② ］のある［ ③ ］のごときはたとえそれが［ ④ ］となり、これに対する有効無効の判断が法律上可能である場合であっても、かかる［ ③ ］は裁判所の審査権の外にあり、その判断は［ ⑤ ］たる［ ⑥ ］に対して政治的責任を負うところの政府、国会等の政治部門の判断に委され、最終的には［ ⑥ ］の政治判断に委ねられているものと解すべきである。この司法権に対する制約は、結局、三権分立の原理に由来し、当該［ ③ ］の［ ① ］の［ ② ］、裁判所の司法機関としての性格、裁判に必然的に随伴する手続上の制約等にかんがみ、特定の明文による規定はないけれども、司法権の憲法上の本質に［ ⑦ ］する制約と理解すべきものである。」

小問解答

1. 直接国家統治の基本に関する**高度に政治性**のある国家行為で、法律上の争訟として裁判所による法律的な判断が理論的には可能であるのに、事柄の性質上、司法審査の対象から外される行為。

2. 「**砂川事件**」では日米安全保障条約の違憲性が、「**苫米地事件**」では衆議院解散の効力が問題となった。

3. ①―高度 ②―政治性 ③―国家行為 ④―法律上の争訟 ⑤―主権者 ⑥―国民 ⑦―内在　本文は、苫米地事件の最高裁判決である。

判例

砂川事件（最大判昭34・12・16）

安全保障条約のような、主権国としてのわが国の存立の基礎に極めて重大な関係を持つ高度の政治性を有するものが、**違憲であるか否の法的判断**は、その条約を締結した内閣およびこれを承認した国会の高度の政治的ないし自由裁量的判断と表裏をなす点がすくなくないため、純司法的機能を使命とする司法裁判所の審査には、原則としてなじまない性質のものであり、それが**一見極めて明白に違憲無効であると認められない限りは、裁判所の司法審査権の範囲外**のものであって、それは第一次的には右条約の締結権を有する内閣およびこれに対して承認権を有する国会の判断に従うべく、終局的には、主権を有する国民の政治的批判に委ねられるべきものであると解するを相当とする。

苫米地事件（最大判昭35・6・8）

直接国家統治の基本に関する高度に政治性のある国家行為のごときはたとえそれが法律上の争訟となり、これに対する有効無効の判断が法律上可能である場合であっても、かかる国家行為は裁判所の審査権の外にあり、その判断は主権者たる国民に対して政治的責任を負うところの政府、国会等の政治部門の判断に委され、最終的には国民の政治判断に委ねられているものと解すべきである。**衆議院の解散は、極めて政治性の高い国家統治の基本に関する行為**であって、このような行為について、**法律上の有効無効を審査することは司法裁判所の権限の外にある**と解すべきである。

第37問　答案例

1　適用すべき場合

統治行為論とは、直接国家統治の基本に関する高度に政治性のある国家行為で、法律上の争訟として裁判所による法律的な判断が理論的には可能であるのに、事柄の性質上、司法審査の対象から外されるべきであるとする理論である。[*1] 最高裁判所も、砂川事件と苫米地事件で採用している。

このような統治行為論が採用される論拠としては、高度の政治性を帯びた行為は、主権者である国民によって直接選任されていない裁判所の審査の範囲外にあり、その当否は国民に対して政治的責任を負う国会・内閣の判断に委ねられていること、および、統治行為に対して司法審査を行うことによる混乱を回避するために裁判所が自制すべきであるとする点にあると考えられる。[*2]

もっとも、他方で日本国憲法は、徹底した法の支配を原則としている。とすれば、統治行為論を適用すべき場合は厳しく限定されなければならない。[*3]

例えば、統治行為論は憲法の明文上の根拠もなく、内容も不明確な概念であるから、機関の自律権や自由裁量権などで説明できるものは適用すべきでない。また、後述するように、精神的自由権の侵害を争点とする事件にも適用すべきでない。さらに、前述の裁判所の自制の観点から、裁判の結果生ずる事態などの具体的事情を考慮しつつ、各事件に応じて判断すべきである。

2　精神的自由権に対する違憲審査への適用[*4]

統治行為論の根拠の一つは前述のとおり、高度に政治性を帯びた国家行為の当否は、国民に対して政治的責任を負う国会・内閣の判断に委ねられているという点にある。これは、主権者である国民の意思を反映させるとする民主政の理論に基づく。そして、この民主政が行われる過程は、国民が自由な言論活動を行い政治的意思決定に関与することで支えられるのであるから、表現の自由などの精神的自由権の確保が不可欠である。また、精神的自由権が不当に制限されている場合には、国民の知る権利が十分に保障されず、民主政の過程そのものが傷つけられているため、裁判所が積極的に介入して民主政の過程の正常な運営を回復することが必要である。[*5]

よって、統治行為論は、精神的自由権に対する違憲審査においては適用すべきでない。

以上

---

*1 定義は正確に書けるようにしておこう。

*2 少なくとも前半の論拠は挙げる必要がある。

*3 この視点を出せるかがポイントである。

*4 この問題は難問である。押さえていなくても試験中の推論により解答できれば上位の答案となるであろう。

*5 問題文にある精神的自由権と統治行為論の論拠から、民主政の過程を連想できればここまで書けるであろう。

第38問 司法権の独立

頻出度 A　難易度 ★☆☆

司法権の独立について説明せよ。　【平成19年度・東京都】

必須キーワード&フレーズ

司法権の独立　裁判官の職権の独立　司法府の独立　裁判官の身分保障　裁判官の報酬　司法行政監督権　規則制定権

考え方

本問は記述式試験の中でも基本的な問題である。答案構成としては、最初に意義や趣旨などの総論を述べた後で、①裁判官の職権の独立と、②司法府の独立の2つに分けて論じていけばよい。

この答案構成に従って、択一式試験用の知識を正確に記述していけば合格答案は完成だ！

答案構成

1　**司法権の独立**の意義・趣旨
2　**裁判官の職権の独立**
　(1)　憲法76条3項とその趣旨
　　・「良心」の意味（19条の「良心」との違い）
　　・干渉・圧力は、司法内部におけるものも含まれる
　(2)　裁判官の身分保障
　　・罷免される場合の限定、行政機関による懲戒禁止、報酬は在任中減額禁止
3　**司法府の独立**
　司法権の自主性を保障する制度
　　・行政機関による懲戒禁止、下級裁判所裁判官の指名、司法行政監督権、規則制定権

第38問 司法権の独立

> **Point**
> 憲法の統治機構の重要条文は、択一式試験対策としても必須であるから、各条文のポイントを正確に覚えよう。

小問演習に挑戦！

1. 裁判官が罷免される場合について、最高裁判所の裁判官と下級裁判所の裁判官とを分けて述べよ。
2. 司法権の自主性を保障する憲法上の制度を２つ以上挙げなさい。

小問演習解答

1. 最高裁判所の裁判官は、①心身の故障のために職務をとることができないと裁判で決定された場合（78条前段）、②公の弾劾による場合（78条前段）、③国民審査による場合（79条２項・３項）。下級裁判所の裁判官は①と②のみ。

2. ①行政機関による裁判官懲戒の禁止（78条後段）、②下級裁判所裁判官の指名（80条１項）、③司法行政監督権（77条１項）、④規則制定権（77条１項）など。

●裁判官が意思に反して離職する場合

		弾劾裁判	心身の故障（分限裁判）	国民審査
定年あり	最高裁判所裁判官	○	○	○
	下級裁判所裁判官	○	○	―

↑ 任期10年、再任可能（80条１項本文後段）

　裁判官が意思に反して離職するのは上の表の場合に限られる。裁判官に対する懲戒処分は、内閣がすることはできない（78条後段）。国会も懲戒処分はできないと解されている。なお、裁判所による裁判官に対す

る懲戒は、「戒告又は1万円以下の過料」までしか認められていない（裁判官分限法2条）。

●司法権の外部からの独立と内部における独立

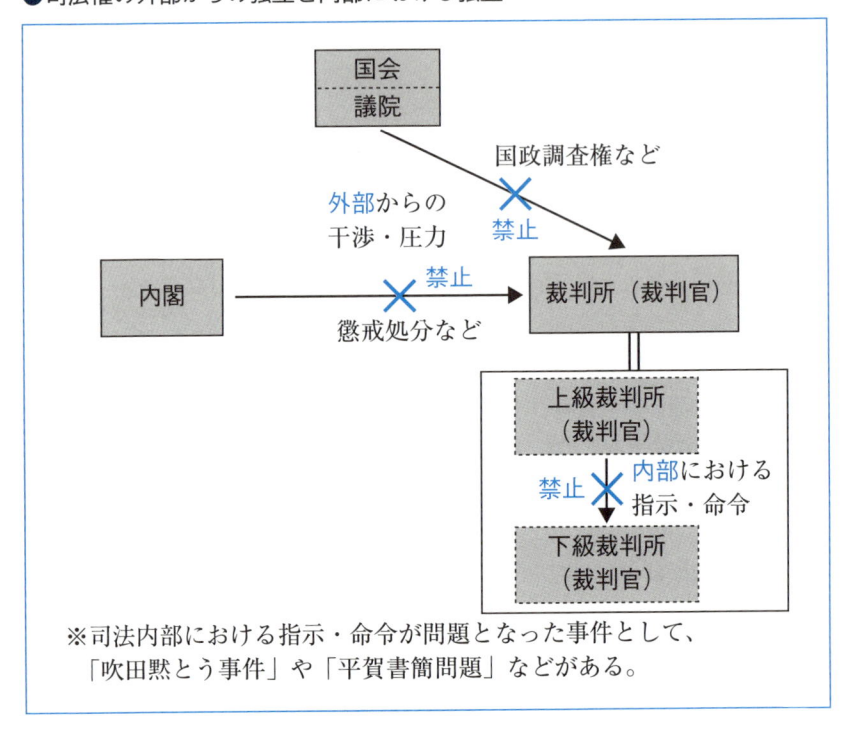

```
        ┌─────┐
        │ 国会 │
        │ 議院 │
        └─────┘
              ＼ 国政調査権など
               ＼ ×
    外部からの    ＼ 禁止
    干渉・圧力      ↘
  ┌─────┐  ×禁止  ┌───────────┐
  │ 内閣 │────────→│ 裁判所（裁判官）│
  └─────┘         └───────────┘
       懲戒処分など         ‖
                    ┌───────────┐
                    │  上級裁判所  │
                    │  （裁判官）  │
                    └───────────┘
                  禁止 × │ 内部における
                         ↓  指示・命令
                    ┌───────────┐
                    │  下級裁判所  │
                    │  （裁判官）  │
                    └───────────┘
```

※司法内部における指示・命令が問題となった事件として、「吹田黙とう事件」や「平賀書簡問題」などがある。

第38問 答案例

1　裁判が公正・厳格に行われ人権の保障が確保されるためには、裁判に対する外部からの干渉や圧力を排除することが必要である。この**司法権の独立**の原則を日本国憲法も採用している。
　司法権の独立の原則には、裁判官が独立して職権を行使するという**裁判官の職権の独立**と、司法権が立法権・行政権から独立しているという**司法府の独立**という2つの意味がある。以下では、分けて説明する。[*1]

2　裁判官の職権の独立
(1)　憲法76条3項は、裁判官が、その良心に従い独立してその職権を行うことと、憲法及び法律にのみ拘束されることを規定し、**裁判官の職権行使の独立**を宣言している。この趣旨は、**裁判官に対するあらゆる不当な干渉や圧力を排除し、裁判官の職権の独立を確保することによって、裁判の公正を保とうとする点**にある。[*2]
　この「良心」とは、19条の主観的な意味での良心とは異なり、**客観的な裁判官としての良心**であると解するのが通説である。
　また、裁判官に対する干渉・圧力には、外部からのものだけではなく、司法内部における指示・命令も含まれる。[*3]

(2)　裁判官の職権行使の独立が保障されたとしても、職権行使の結果として自己の身分が害される危険があれば、裁判官は独立した職権行使をためらうおそれがある。そこで、憲法は、**裁判官が安心して裁判に専念できるように、裁判官の身分保障**を規定している。
　まず、裁判官が罷免される場合は、①心身の故障のために職務をとることができないと裁判で決定された場合、②公の弾劾による場合、③最高裁判所の裁判官については国民審査による場合に限定される。また、**行政機関による裁判官の懲戒も禁止**されている。さらに、**裁判官の報酬は在任中はたとえ病気で職務を行えないときでも減額されない**。[*4]

3　司法府の独立
　司法府の独立は、全体としての**裁判機構**を立法権・行政権から分離・独立させ、その機構の運用を**できる限り司法府の自主性に委ねる**ことである。日本国憲法下では、司法行政権も完全に最高裁判所に委ね、ほぼ完全な司法府の独立が実現されている。
　司法府の自主性を保障する制度としては、①行政機関による裁判官懲戒の禁止、②**下級裁判所裁判官の指名**、③**司法行政監督権**、④**規則制定権**がある。[*5]

以上

[*1] 司法権の独立には2つの意味があることを挙げる必要がある。

[*2] この趣旨はしっかりと書こう。

[*3] この知識は択一式で頻出の知識である。

[*4、*5] これらは択一式でも頻出の条文知識であり、正確に挙げる必要がある。

第39問 違憲審査制

頻出度 A　難易度 ★☆☆

違憲審査制の意義を述べ、違憲判断の方法について説明せよ。

【平成21年度・東京都】

必須キーワード&フレーズ

違憲審査制　抽象的違憲審査制説　付随的違憲審査制説　警察予備隊違憲訴訟　法令違憲　適用違憲　運用違憲

考え方

本問は択一式試験用の知識をもとに答案を作成できる。違憲審査権の憲法上の規定を指摘し、その法的性格を論証した上で、違憲判断の方法について述べればよい。違憲判断の方法には、法令違憲を中心に述べた上で、適用違憲にも触れる必要がある。さらに余裕があれば運用違憲に触れてもよいであろう。

答案構成

```
1  違憲審査制の意義
 (1) 定義・趣旨
 (2) 違憲審査制の法的性格
    付随的違憲審査制説
       理由：憲法81条は「司法」の章にあり、司法の伝統的理解
       判例：警察予備隊違憲訴訟
2  違憲判断の方法
 (1) 法令違憲
 (2) 適用違憲
 (3) 運用違憲
```

Point

頻出の論点である違憲審査権の性格については、判例・通説が採用する「付随的（具体的）違憲審査制説」を論証できるようにしておく必要がある。

小問演習に挑戦！

1 違憲審査権の趣旨を50字程度で述べよ。
2 付随的違憲審査制について60字程度で説明せよ。
3 最高裁判所が下した法令違憲判決を全て挙げよ。
4 法令違憲と適用違憲の違いについて、100字以内で説明せよ。

小問演習解答

1 違憲審査を通じて憲法の最高法規性を現実に確保し、また、国民の基本的人権をその侵害から救済するという点にある。
2 通常の裁判所が、具体的な争訟事件を裁判する際に、その前提として事件の解決に必要な限度で、適用法条の違憲審査を行う方式。
3 ①尊属殺人重罰規定、②薬事法距離制限規定、③衆議院議員定数配分規定（2回）、④森林法共有林分割制限規定、⑤郵便法免責規定、⑥在外邦人の選挙権制限規定、⑦非嫡出子の国籍取得制限規定（計7種類8回）
4 法令違憲とは、争われた法令の規定そのものを違憲と判断する方法であり、適用違憲とは、当該法令の規定自体を違憲としないで、当該事件におけるその具体的な適用だけを違憲と判断する方法である。

●違憲判断の方法

	判断方法	最高裁判例
法令違憲	争われた法令の規定そのものを違憲と判断する方法	尊属殺人重罰規定違憲判決など
適用違憲	当該事件におけるその具体的な適用だけを違憲と判断する方法	第三者所有物没収事件判決
運用違憲	法令の合憲性を前提にしながらも、その運用のあり方が違憲である場合に、その運用の一環として現れた当該処分を違憲と判断する方法	最高裁判例は存在せず

判例

警察予備隊違憲訴訟（最大判昭27・10・8）

現行の制度の下においては、**特定の者の具体的な法律関係について紛争が存する場合にのみ、裁判所にその判断を求めることができる**のであり、裁判所が具体的な事件を離れて抽象的に法律命令等の合憲性を判断する権限を有するとの見解には、憲法上及び法令上、何らの根拠もない。

第39問 答案例

1 違憲審査制の意義
(1) **違憲審査制**とは、法令等が憲法に適合するかしないかを審査し、違憲と判断した場合には、その法令等を無効とする制度である。憲法81条は、最高裁判所に終審としての違憲審査権を与えている。

　違憲審査制の趣旨は、違憲審査を通じて憲法の最高法規性を現実に確保し、また、国民の基本的人権をその侵害から救済するという点にある。＊1

(2) 違憲審査は裁判所が行うのが一般的であるが、これには大別して、①特別に設けられた憲法裁判所が、具体的な争訟とは無関係に、抽象的に違憲審査を行う方式（**抽象的違憲審査制**）と、②通常の裁判所が、具体的な争訟を裁判する際に、その事件の解決に必要な限度で、適用法条の違憲審査を行う方式（**付随的違憲審査制**）がある。

　わが国の制度は、②の付随的違憲審査制であると解されている。その理由として、**81条が「司法」の章にあり、司法とは、伝統的に具体的な法律関係等に関する争いに法令を適用して解決する作用であって、違憲審査権はその作用に付随するものとして規定されたと解されることや、法令等の抽象的な審査が認められるためには提訴権者や裁判の効力に関する規定が憲法上定められているはずなのに、現行法上そのような規定が存在しない**ことなどが挙げられる。＊2

　なお、判例は、**警察予備隊違憲訴訟**で、法定の手続なしに最高裁判所が抽象的違憲審査権を有するとする見解を否定している。

2 違憲判断の方法
　付随的違憲審査制の下では、違憲判断の方法には、**法令違憲、適用違憲**がある。＊3

(1) まず、法令違憲とは、争われた法令の規定そのものを違憲と判断する方法である。最高裁は、①尊属殺人重罰規定、②薬事法距離制限規定、③在外邦人選挙権制限規定、④非嫡出子国籍取得制限規定などについて**法令違憲**判決を下している。＊3

(2) 次に、適用違憲とは、当該法令の規定自体を違憲としないで、当該事件におけるその具体的な適用だけを違憲と判断する方法である。第三者所有物没収事件の最高裁判決は、争いはあるが、この**適用違憲**の方法を用いたものと考える。＊4

以上

＊1 違憲審査制の趣旨は十分に理解をして押さえておく必要がある。

＊2 ここは頻出論点であるから、合格レベルにある人がシッカリと書いてくるので差をつけられないようにしよう。

＊3 ほかには、衆議院議員定数配分規定、森林法共有林分割制限規定、郵便法免責規定、在外邦人選挙権制限規定を挙げてもよい。

＊4 このほか運用違憲もある（前頁参照）。答案にスペースの余裕があれば書けると加点が期待できる。

第40問 違憲判決の効力

頻出度 B　難易度 ★★

違憲判決の効力について論ぜよ。
【平成6年度・裁判所】

必須キーワード&フレーズ

法令違憲　違憲審査権の性格　抽象的違憲審査制　付随的（具体的）違憲審査制　一般的効力説　個別的効力説　消極的立法作用　法律委任説

考え方

違憲判決のうち、法令違憲判決について書けばよい。

法令違憲判決の効力は、違憲審査制の性格の理解にかかわる。本問は論点が少ないので、この論理関係をキッチリと説明しながら書こう。

「付随的（具体的）審査制説 → 個別的効力説」の流れが通説である。個別的効力説に立っても、国会や内閣に対する効力にも配慮して書こう。

答案構成

1　最高裁判所による法令違憲判決の効力が問題
2　法令違憲の効力
　　違憲審査制の性格は**付随的違憲審査制**
　　⬇
　　違憲判決の効力（個別的効力説 VS. 一般的効力説）
　　裁判所による消極的立法作用は不可、わが国は付随的違憲審査制
　　⬇よって
　個別的効力説
　　⬇もっとも
　　国会や行政機関の礼譲を期待

第40問 違憲判決の効力

> **Point**
> 小問演習1の違憲審査制の性格に関する学説と違憲判決の効力に関する学説との関連性について、十分に理解をしておくべきである。

小問演習に挑戦！

1. 違憲審査制の性格に関する各説と違憲判決の効力に関する各説との関係を100字以内で説明せよ。
2. 一般的効力説に対する憲法41条の観点からの批判を60字程度で述べよ。
3. 個別的効力説に対する憲法14条の観点からの批判を80字程度で述べよ。

小問演習解答

1. 違憲審査制の性格を抽象的審査制と解すれば、違憲判決の効力は一般的効力説と解することになるが、**付随的（具体的）審査制説**の立場に立てば、個別的効力説とも一般的効力説とも解しうる。

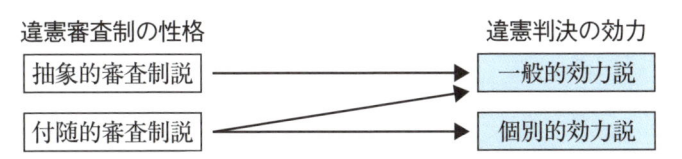

違憲審査制の性格	違憲判決の効力
抽象的審査制説 →	一般的効力説
付随的審査制説 →↗	個別的効力説

2. 法律を一般的に無効とすることは、一種の消極的立法作用となり、国会を唯一の立法機関とする憲法41条の原則に違反する。

3. 違憲判決の効力が当該事件に限って及ぶと解することは、同一の法律について有効・無効となる場合が分かれる結論を導くことになり、憲法14条の平等原則に反する。

● 違憲判決の効力に関する学説

	一般的効力説	個別的効力説
根拠	・98条1項の下で国の最高法規とされる憲法に反する法律は当然に無効である。	・わが国が付随的違憲審査制を採用していると解する以上、裁判所の違憲審査権は具体的な事件の解決に必要な限りにおいてのみ行使されるから、違憲判決の効力も当該事件に限って及ぶと解するべきである。
反対説に対する批判・反論	・違憲判決の効力が当該事件に限って及ぶと解することは、同一の法律について有効・無効となる場合が分かれる結論を導くことになって、法的安定性や予見性を著しく損なうものであり、14条の平等原則に反する。	・法律を一般的に無効とすることは、一種の消極的立法作用となり、国会を唯一の立法機関とする41条の原則に違反する。 ・国会の改廃措置や行政機関の執行差控えが礼譲として期待されると解すれば、不都合性は排除できる。

判例

第34問の警察予備隊違憲訴訟を参照。

第40問　答案例

1　まず、違憲判決には、**法令違憲判決**のほかに、適用違憲判決等もあるが、後者は当該国家行為を無効とするだけであるから問題は少ない。また、最高裁判所による違憲判決は終審としての判断であるのに対し、下級裁判所による違憲判決は、上訴の可能性があるためこれも問題は少ない。

そこで、以下では、最高裁判所による**法令違憲判決**に限定して論ずることにする。*1

2　(1)　違憲審査制の性格を**抽象的違憲審査制**と解すれば、違憲判決の効力は**一般的効力**と解することになるが、**付随的違憲審査制**と解すれば、**個別的効力説**とも**一般的効力説**とも結びつきうる。*2

そこで、まず、違憲審査制の性格をいかに解するかが問題となる。

憲法81条が「司法」の章にあり、司法とは、伝統的に具体的な権利義務や法律関係に関する争いに法令を適用して解決する作用であるから、違憲審査権はその作用に付随するものとして規定されたと解される。

よって、わが国の違憲審査制は、通常の裁判所が、具体的な争訟事件を裁判する際に、その前提として事件の解決に必要な限度で、適用法条の違憲審査を行う方式（付随的違憲審査制）を採用したものと考えるべきである。*3

(2)　では、違憲判決の効力はいかに解するべきか。

この点、法律の有する一般的性質からして、同一の法律について有効・無効が分かれる結論は**14条の平等原則**に反するから、違憲判決により、その法律は議会による廃止の手続なくして存在を失うとする立場もある（**一般的効力説**）。*4

しかし、**法律を一般的に無効とすることは、一種の消極的立法作用となり、国会を唯一の立法機関とする41条の原則に違反するため、一般的効力説は妥当でない**。*5　また、わが国が付随的違憲審査制を採用していると解する以上、裁判所の違憲審査権は具体的な事件の解決に必要な限りにおいてのみ行使されるから、違憲判決の効力も当該事件に限って及ぶと解するべきである。

よって、違憲判決の効力は、当該事件に限って適用が排除されるにとどまり、国会が廃止しないのに存在を失うものではないと解するべきである（**個別的効力説**）。

もっとも、個別的効力説に立っても、国会の改廃措置や行政機関の執行差控えが礼譲として期待される。*6

以上

---

*1　この問題点の整理となる部分は必須ではないが、書ければ加点が期待できる。もっとも、長くなりすぎないように注意すべきである。

*2　この視点を先に挙げるとよい。

*3　この論点は頻出なので十分に論ずるべきである。

*4、*5　本問は論点が限定されているため、反対説とその批判についても書くべきである。

*6　ここも付言できると加点を期待できる。

第41問 裁判の公開

頻出度 B　難易度 ★☆☆

裁判の公開について論ぜよ。

【平成22年度・裁判所】

必須キーワード&フレーズ

裁判の公開　判決　対審に限って非公開　純然たる訴訟事件　傍聴人がメモをとる自由　レペタ事件　写真撮影

考え方

本問は基本的な問題である。そのため、基礎知識は正確に記述できるようにしておこう。裁判の公開に関する憲法82条の１項の原則と２項の例外については、択一式試験でも押さえるべき知識である。

その上で、裁判の公開に関する代表的な判例を挙げればよい。その中でもレペタ事件が最も重要である。

答案構成

1　**裁判の公開**の意義、条文、趣旨
　　裁判を非公開で行える場合
2　(1)　公開が必要な「裁判」とは
　　　　⬇
　　　　「純然たる訴訟事件」に限定（判例）
　　(2)　傍聴人が法廷においてメモを取る自由
　　　　⬇
　　　　傍聴人の自由に任せることが憲法21条１項の精神にも合致（レペタ事件判決）
　　(3)　写真撮影等の取材の許否を裁判所の裁量に委ねることの合憲性
　　　　⬇
　　　　判例は合憲

Point

小問演習1の裁判の公開の趣旨は理解しておこう。また、小問演習2の憲法82条については、択一式試験でも頻繁に問われるので、正確に押さえておく必要がある。

小問演習に挑戦！

1 裁判の公開の趣旨を60字程度で述べよ。
2 次の①〜⑤の空欄に入る適切な語を答えよ。
　第82条　裁判の〔　①　〕及び〔　②　〕は、公開法廷でこれを行ふ。
　　2　裁判所が、裁判官の〔　③　〕一致で、公の秩序又は善良の風俗を害する虞があると決した場合には、〔　①　〕は、公開しないでこれを行ふことができる。但し、〔　④　〕犯罪、〔　⑤　〕に関する犯罪又はこの憲法第3章で保障する国民の権利が問題となつてゐる事件の〔　①　〕は、常にこれを公開しなければならない。
3 次の文章の〔　　〕内に入る語句として適切なものを選べ。
　レペタ事件の最高裁判決は、まず、憲法82条1項は、各人が裁判所に対して傍聴することを権利として要求できることまでを①〔a．認めている　b．認めたものでない〕とする。また、傍聴人に対して法廷においてメモを取ることを権利として②〔a．保障している　b．保障しているものではない〕とする。

小問演習解答

1 裁判を一般に公開することで、裁判が公正に行われることを制度として保障し、ひいては裁判に対する国民の信頼を確保しようとすることにある。
2 ①—対審　②—判決　③—全員　④—政治　⑤—出版

●裁判の公開

	対審（弁論や証拠調べ）	判決（結論の言渡し）
原則	公開	必ず公開
例外	以下の場合は非公開 ①全裁判官の一致 ②基本的人権などが問題となっていない	なし

3　①b．認めたものでない　　②b．保障しているものではない

判例

レペタ法廷メモ採取事件（最大判平元・3・8）

傍聴人のメモを取る行為が公正かつ円滑な訴訟の運営を妨げることは通常ありえず、特段の事情のない限り、傍聴人の自由に任せるべきことが、表現の自由を定める憲法21条1項の規定の精神にも合致する。

第41問　答案例

1　**裁判の公開**とは、裁判を誰でも傍聴できる状態にすることである。憲法82条1項は、裁判の**対審**及び**判決**が公開の法廷で行われるべきことを定めている。この趣旨は、**裁判を一般に公開する**ことで、**裁判が公正に行われることを制度として保障し、ひいては裁判に対する国民の信頼を確保**しようとすることにある。*1 また、37条1項も、刑事被告人の権利として公開裁判を受ける権利を保障している。ただし、公開といっても、傍聴席の数に制限があることや、裁判長が法廷の秩序を維持するため必要があると認めたときは一定の制約（所持品の検査・退廷の命令など）を加えることができる。

もっとも、裁判の公開がかえって裁判の適正さを失わせるおそれがある場合にまで公開を要請するのは背理である。*2 そこで、憲法は厳しい制限を設けた上での例外を認めている。すなわち、裁判官の全員一致で、公序良俗を害するおそれがあると決した場合には、**対審に限って非公開**とできるとしつつ、政治犯罪や出版に関する犯罪や基本的人権が問題となっている事件の対審は常に公開が必要とされている。*3

2　(1)　公開が必要な「裁判」とは、裁判を受ける権利の「裁判」（32条）と同じ意味で、裁判所が当事者の意思にかかわらず、終局的に事実を確定し、当事者の主張する実体的権利義務の存否を確定することを目的とする「**純然たる訴訟事件**」に限られ、性質上いわゆる非訟事件の裁判については公開の手続は不要である（判例）。*4

(2)　82条1項は、各人が裁判所に対して傍聴することを権利として要求できることまでを認めたものでないことはもちろん、**傍聴人に対して法廷においてメモを取ることを権利として保障しているものでない。もっとも、傍聴人のメモを取る行為が公正かつ円滑な訴訟の運営を妨げることは通常ありえず、特段の事情のない限り、傍聴人の自由に任せるべきことが、表現の自由を定める21条1項の規定の精神にも合致すると考える（レペタ事件判決）**。*5

(3)　**傍聴の自由は、裁判についての報道の自由も含む**と解されているが、現行の制度は、写真撮影、録音、放送などの取材の許否を裁判所の裁量に委ねている。判例は、この制限を、法廷の秩序維持と被告人等の利益保護のため必要と解し合憲としているが、運用の仕方によっては、裁判所の裁量権の濫用となると考える。*6

以上

*1　趣旨はしっかり書けるようにしよう。

*2　例外を書く前に原則の不都合な点を挙げるべきである。

*3　条文の知識は正確に書く必要がある。

*4、*5　これらの判例は択一式でも出題されているからしっかり書こう。

*6　(3)は時間とスペースがなければ省略してもよい。

第42問 予算

頻出度 B　難易度 ★★

予算と法律の関係について説明し、国会の予算修正権についても言及せよ。

【平成18年度・東京都】

必須キーワード&フレーズ

予算の法的性質　予算行政説　予算法形式説　予算法律説　財政国会中心主義　減額修正　増額修正

考え方

まず予算と法律の定義を簡単に記述しよう。次に両者の関係については、予算の法的性質をいかに解するかを述べることが不可欠だ。択一式試験における論理問題で出題される論点でもあるから、他の説にも言及しよう。通説である予算法形式説に立った場合には、予算と法律の不一致が生じ、その対処法に言及する必要がある。最後に、国会の予算修正権については、財政国会中心主義（財政民主主義）の観点から考えるとよい。

答案構成

1　予算と法律の定義
2　予算の法的性格
　　予算法形式説
3　法律と予算が異なる以上、不一致が生じる
　　①予算は成立、法律なし
　　　　国会に法律制定の義務なし
　　②法律は制定、予算なし
　　　　内閣に予算措置を執る義務あり
4　国会が予算を修正する場合
　　財政国会中心主義
　　　↓

第42問 予算

減額修正も増額修正も、国会の修正権に限界なし

Point
小問演習2の知識は、択一式試験でも頻繁に問われる重要条文である。予算と法律との違いという視点からもう一度確認しておくとよい。

小問演習に挑戦！

1 予算とは何か50字以内で述べよ。
2 予算は法律とは異なる法形式であるとする予算法形式説の憲法の条文上の根拠を100字程度で述べよ。
3 法律は制定されたのに、その執行に必要な予算がない場合、内閣はどのように対応すべきかについて、具体的な措置を挙げて80字程度で述べよ。

小問演習解答

1 予算とは、一会計年度における国の歳入歳出の予定的見積りを内容とする国の財政行為の準則である。
2 予算の提出権が内閣に属し（73条5号、86条）、衆議院に**予算の先議権**があり（60条1項）、衆議院の優越に関して、予算については法律の場合のような衆議院の再議決が認められない（同2項）。

●予算の法的性格

	予算法形式説	予算法律説
内容	予算に法的性格を認めるが、法律とは異なった国法の一形式である。	予算は法律それ自体である。
根拠	・憲法は、予算について通常の法律とは異なる議決手続きを定めている（60条1項、73条5号等）。 ・予算は国民を拘束するものではないから、国民の行為を一般的に規律する法令とは区別される。 ・予算は法律とは異なり公布を要しないとされている（7条1号）。	・議決手続の特殊性は地方特別法（95条）の場合にも規定されているし、60条は59条1項の「特別の定」と解される。 ・憲法は「官吏に関する事務」を法律所管事項としており（73条4号）、法律の役割は一般国民への規制に限定されない。 ・予算と法律の不一致の問題や国会の予算修正権の限界の問題が生じない。

3 内閣は「**法律を誠実に執行**」する義務を負っている（73条1号）以上、補正予算、経費流用、予備費支出などの予算措置をとらなければならない。

第42問 答案例

1　予算とは、一会計年度における国の歳入歳出の予定的見積りを内容とする国の財政行為の準則である。法律とは、国会の議決によって成立する成文法である。*1

2　予算と法律の関係を説明するにあたり、予算の法的性格について争いがあるため、これをどのように解するかが問題となる。*2

　まず、財政国会中心主義の原則からして、予算は単なる歳入歳出の「見積表」ではなく、政府の行為を規律する法規範であると解すべきである。そして、予算は政府のみを拘束するもので、一般国民を直接拘束しないこと、また、予算の効力は一会計年度に限られ、一般の法律のように永続性をもたないこと、さらに、予算は一般の法律とは異なって計算のみを扱っていること、予算の提出権が内閣に属すること（73条5号、86条）、衆議院に予算の先議権があり（60条1項）、衆議院の再議決が認められないこと（同2項）などからして、予算は法律とは異なった国法の一形式であると解する（予算法形式説、予算法規範説）。*3

3　法律と予算の提出権者、議事手続・要件が異なる以上、法律と予算の不一致が生じることは避けられない。不一致には、①予算は成立したのに、その支出を命じる法律が制定されていない場合や、②法律は制定されたのに、その執行に必要な予算がない場合がある。①の場合には、内閣は法律案を提出し国会の議決を求めるしかないが、国会には法律制定の義務はない。②の場合には、内閣は「法律を誠実に執行」する義務を負っている（73条1号）以上、補正予算、経費流用、予備費支出などの予算措置を取らなければならないと考える。*4

4　次に、国会が予算を修正する場合としては、予算の議決権を有する国会は、原案に対して廃除削減を行う減額修正と、原案に新たな款項を加え、または款項の金額を増額する増額修正とがある。まず、減額修正については、財政国会中心主義の原則から、国会の修正権に限界はないと考える。次に、増額修正については、確かに憲法では予算提出権を内閣に専属させている。しかし、予算は法律それ自体と解する立場（予算法律説）はもちろん、予算法形式説からも、国会の予算議決権を制限する憲法上の規定は存在せず、財政国会中心主義を採用していることから、国会の修正権に限界はないと考える。*5*6

以上

*1　定義は正確に書く必要がある。

*2　「予算の法的性格」の論点は択一式でも頻出である。

*3　条文の知識を正確に挙げる。

*4　予算と法律に関する国会と内閣の役割・権限から推測できる。

*5　減額修正も増額修正もそれらに限界がないことの根拠としては「財政国会中心主義」がキーワードとなる。

*6　予算法形式説から、内閣の予算提出権を重視して、増額修正については限界があるとしてもよい。

第43問 地方自治

頻出度 B　難易度 ★★

地方自治に関する次の問いについて論述せよ。
(1) 憲法第92条は「地方公共団体の組織及び運営に関する事項は、地方自治の本旨に基いて、法律でこれを定める。」と定めている。ここにいう「地方自治の本旨」とは何かについて述べよ。
(2) 憲法第94条は地方公共団体が「法律の範囲内で条例を制定することができる」ことを定めている。法律と条例の関係について言及しながら、条例制定権の限界について述べよ。
(3) 「名護市における米軍のヘリポート基地建設の是非を問う市民投票に関する条例」や「吉野川可動堰建設計画の賛否を問う徳島市住民投票条例」など、近年、条例による住民投票の制度化の例が増えてきている。このような住民投票条例の制定に関する憲法上の論点について、住民投票の結果が地方公共団体の長や議会を法的に拘束する場合とそうでない場合に分けて述べよ。

【平成21年度・国税専門官】

必須キーワード&フレーズ

地方自治の本旨　**住民自治**　地方自治が住民の意思に基づいて行われる　**団体自治**　地方自治が国から独立した団体に委ねられる　**徳島市公安条例事件判決**　**直接民主制**　**住民投票**

考え方

「地方自治の本旨」には、住民自治と団体自治がある。これらの内容とともに絶対に落とせない法律と条例の関係については、徳島市公安条例事件の最高裁判決に触れる必要がある。

本問の小問(1)(2)は伝統的なテーマだが、小問(3)は新しいテーマである。押さえている受験生は少ないと推測できるので、基本知識から推論して答えれば十分に合格答案になったはずだ。

答案構成

1 小問(1)
「地方自治の本旨」：①住民自治と②団体自治
2 小問(2)
法律の委任なく条例の制定は可能
判例：徳島市公安条例事件
3 小問(3)
条例で住民投票を認めることができるか
　　地方自治では、直接民主制的な要素が強調（住民自治の原則）
　　　⬇
　　条例による住民投票の制度を設けることは可能
　　　　⬇しかし
　　投票の結果が長や議会を拘束する　→法律上の根拠が必要
　　　　　　　　　　　拘束しない　→憲法上は許容される

Point

小問演習１については、択一式試験でも頻繁に問われる基礎知識である。この機会に正確に理解しているかを確認しておこう。

小問演習に挑戦！

1 次の空欄に入る適切な語句を語群から選びなさい。
　「地方自治の本旨」には、(1)地方自治が住民の意思に基づいて行われるという〔　①　〕的要素である〔　②　〕と、(2)地方自治が国から独立した団体に委ねられ、団体自らの意思と責任の下でなされるという〔　③　〕的・地方分権的要素である〔　④　〕とがある。
　［語群］ア．自由主義　　イ．住民自治　　ウ．団体自治
　　　　　エ．民主主義

2 条例は「法律に反しない限り」で制定できるが、次の文章はこの意味についての徳島市公安条例事件の最高裁判所の判決（最大判昭50・9・10）文の一部である。下記の各空欄に入る語句を答えよ。

「条例が国の法令に違反するかどうかは、両者の〔　①　〕と〔　②　〕を対比するのみでなく、それぞれの〔　③　〕、目的、内容及び効果を比較し、両者の間に〔　④　〕があるかどうかによってこれを決しなければならない。」

小問演習解答

1　①—エ．**民主主義**、②—イ．**住民自治**、③—ア．**自由主義**、④—ウ．**団体自治**

2　①—**対象事項**、②—**規定文言**、③—**趣旨**、④—**矛盾抵触**

判例は、小問演習2の部分に続けて下記のように判示する。要するに、条例による規制は、国の法令の規制の趣旨が①全国一律の均一的な規制をめざしていると解される場合は許されないが、②全国的な規制を最低基準として定めていると解される場合には許されるとする。

判例

徳島市公安条例事件（最大判昭50・9・10）

例えば、ある事項について国の法令中にこれを規律する明文の規定がない場合でも、当該法令全体からみて、右規定の欠如が特に当該事項についていかなる規制をも施すことなく放置すべきものとする趣旨であると解されるときは、これについて規律を設ける条例の規定は国の法令に違反することとなりうるし、逆に、特定事項についてこれを規律する国の法令と条例とが併存する場合でも、後者が前者とは別の目的に基づく規律を意図するものであり、その適用によって前者の規定の意図する目的と効果をなんら阻害することがないときや、**両者が同一の目的に出たものであっても、国の法令が必ずしもその規定によって全国的に一律に同一内容の規制を施す趣旨ではなく、それぞれの普通地方公共団体において、その地方の実情に応じて、別段の規制を施すことを容認する趣旨であると解されるとき**は、国の法令と条例との間にはなんらの矛盾牴触はなく、**条例が国の法令に違反する問題は生じえない。**

第43問 答案例

1　小問(1)について

「地方自治の本旨」には、①地方自治が住民の意思に基づいて行われるという民主主義的要素である住民自治と、②地方自治が国から独立した団体に委ねられ、団体自らの意思と責任の下でなされるという自由主義的・地方分権的要素である団体自治とがある。*1

2　小問(2)について

条例は法律に反してはならないが、法令に明示もしくは黙示の禁止規定がない限り、すでに法律による規制が定められている場合でも、法律の特別の委任なくして条例を制定できると解される。

条例が国の法令に違反しないかどうかの一般的な判断基準としては、徳島市公安条例事件の最高裁判決があり、基本的に学説上も受け入れられている。すなわち、同判決は、条例が国の法令に違反するかどうかは、両者の対象事項と規定文言を対比するのみでなく、それぞれの趣旨、目的、内容及び効果を比較し、両者の間に矛盾抵触があるかどうかによってこれを決しなければならないとする。*2

3　小問(3)について

法律による直接請求権としての住民投票以外に、条例で住民投票を認めることができるか。

地方自治においては、地方自治の本旨の内容である住民自治の原則からも、国政に比べて、直接民主制的な要素が強調され、地方自治法も各種の住民投票制度を規定している。*3 このことから、条例によって住民投票の制度を設けること自体は可能であると解する。

しかし、①住民投票の結果が地方公共団体の長や議会を拘束する場合は、住民投票によって地方公共団体の意思を決定することになるが、このことは地方公共団体の組織および運営に関する事項であるから（92条）、法律上の根拠が与えられない限り認めることはできないと考える。*4

これに対し、住民投票の結果が地方公共団体の長や議会を拘束しない場合であれば、事実上の拘束力の程度は問題となるものの、憲法上は許容されると考える。

以上

*1　ここは正確に記述する必要がある。

*2　この判旨は重要なので書けるようにしておこう。

*3　地方自治では直接民主制的要素が強いという視点を指摘できるとよい。

*4　ここが小問(3)の核心。憲法の構造から考えればよい。

第44問 条例制定権

頻出度 A　難易度 ★

地方公共団体の条例制定権とその範囲及び限界について論ぜよ。

【平成18年度・裁判所】

必須キーワード&フレーズ

条例　自治事務　法定受託事務　国の専属事務　法律留保事項　法律の範囲内　徳島市公安条例事件　上乗せ条例　横出し条例

考え方

　地方公共団体の条例制定権の範囲は広義の自治事務(狭義の自治事務と法定受託事務)の範囲に限られる。
　憲法上の法律留保事項は次の3つが問題となる！
①財産権、②刑罰、③課税権
　「法律の範囲内で」(94条)という限界は、徳島市公安条例事件判決について言及する必要がある。

答案構成

1　条例の定義、自主法とは
2　条例制定権の範囲と限界
　(1)　地方公共団体が処理する事務に関するものという限界
　(2)　条例による地域的な差別(判例)
　(3)　憲法上の法律留保事項
　　　財産権、刑罰、課税権
　(4)　「法律の範囲内で」(94条)という制限
　　　徳島市公安条例事件判決
　　　「上乗せ条例」・「横出し条例」

第44問 条例制定権

> **P**oint
> 小問演習2については、択一式試験の対策では個別に出てくる知識であるが、この機会に一緒に押さえよう。

小問演習に挑戦！

1 地方公共団体が条例を制定できるのはいかなる事務か30字程度で述べよ。
2 憲法上の法律留保事項と条例の関係が問題となる憲法の条文の内容を簡潔に挙げよ。

小問演習解答

1 地方公共団体が処理する事務、すなわち、自治事務と法定受託事務である。

●「条例」の意味

　広義の「条例」＝地方公共団体が制定する自主法（憲法94条）
　　├─(1)地方議会が制定する条例（地方自治法14条・96条1項1号）（狭義の「条例」）
　　├─(2)長の制定する規則（地方自治法15条）
　　└─(3)各種委員会の制定する規則（地方自治法138条の4第2項）

●条例で規律できる事項

　広義の自治事務＝地方公共団体が処理する事務
　　├─狭義の自治事務＝地方公共団体が処理する事務のうち、法定受託事務以外のもの（地方自治法2条8項）
　　└─法定受託事務（地方自治法2条9項）

2 財産権の制約（29条2項）、刑罰の法定（31条）、租税法律主義（84条）。なお、刑罰権の設定は、本来国家の任務であるから、条例により刑罰を制定する場合には、法律による相当な程度に具体的な委任が必要である（最大判昭37・5・30）。

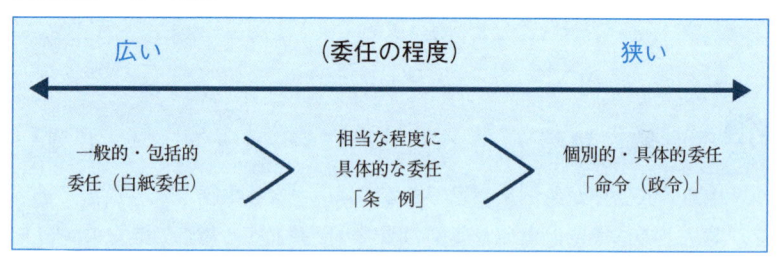

```
         広い      （委任の程度）      狭い
    ←─────────────────────────────────→

    一般的・包括的      相当な程度に       個別的・具体的委任
    委任（白紙委任）  >  具体的な委任   >   「命令（政令）」
                      「条　例」
```

判例

第43問の徳島市公安条例事件を参照。

第44問　答案例

1　条例とは、地方公共団体がその自治権に基づいて制定する自主法をいう。*1

　ここに自主法とは、法律や命令などの国家法に対する観念であり、具体的には、条例は、地方公共団体が処理する事務（広義の自治事務）に関する事項しか規律できないが、その範囲内では、国家法とは原則として無関係に、独自に規定を設けることができるという意味である。

2　条例制定権の範囲と限界

(1)　まず、条例制定権には、地方公共団体が処理する事務（狭義の自治事務と法定受託事務）に関するものでなければならないという限界がある。例えば、司法、刑罰の執行、郵便、外交、防衛、幣制などは国の専属事務であるから条例は制定できない。*2

(2)　条例による処罰に地域的な差異があることが、憲法14条の法の下の平等に違反しないかが問題となる。

　憲法が各地方公共団体の条例制定権を認める以上、地域によって差別を生ずることは当然に予期され、このような差別を憲法は容認していると解されるから、地方公共団体が各別に条例を制定する結果、その取扱に差別を生じても違憲とはいえない（判例）。*3

(3)　憲法上の法律留保事項について条例を制定できるか。

　条例は、地方議会という民主的基盤に立って制定されるものであり、実質的に法律と差異がないことから、財産権（29条2項）、刑罰（31条）、課税権（84条）の各条文における「法律」には、条例も含まれると解され、条例によっても制定できると解する。もっとも、刑罰権の設定は、本来国家の任務であるから、法律による相当な程度に具体的な委任が必要である（判例）。*4

(4)　条例制定権は「法律の範囲内で」という制限を受ける（94条）。よって、条例は法律に反してはならないが、法令に明示もしくは黙示の禁止規定がない限り、すでに法律による規制が定められている場合でも、法律の特別の委任なくして条例を制定できると解されている。徳島市公安条例事件判決も同様の結論をとる。よって、特に公害規制条例に関して、国の法令で定める規制基準よりも厳しい基準を定める「上乗せ条例」や、法令の規制対象以外の事項について規制を行う「横出し条例」についても、国の法令が全国的な規制の最低限度を定める趣旨であり、法律により禁止されていないと判断できれば合憲であると解される。*5

以上

*1　まずは定義を正確に書こう。

*2　ここは基本知識であるから必須である。

*3　この部分は書けると加点が期待できる。この判例自体は択一式で頻出である。

*4　ここは択一式でも頻出であり、正確に書く必要がある。

*5　この部分は落としてはならない。判例は必須であり、上乗せ条例・横出し条例については言及できれば加点が期待できる。

第45問 憲法改正

頻出度 B　難易度 ★★☆

憲法の改正に関して、次の各論点から論ぜよ。
①意義及び改正の手続
②憲法改正行為の性質と限界

【平成12年度・国税専門官】

必須キーワード&フレーズ

憲法改正　憲法制定　憲法の変遷　**憲法制定権力**　**国民投票**　憲法改正国民投票法　**憲法改正には限界がある**

考え方

①は「意義及び改正の手続」であるから、意義と改正の手続をそれぞれ論じよう。意義については、憲法制定や憲法の変遷との違いに触れるとよい。手続は憲法96条について述べ、日本国憲法が硬性憲法であることも指摘しよう。

②は憲法改正行為の「性質と限界」であるから、性質と限界をセットで論じるべきである。

「憲法制定権力＝憲法改正権」と解するのか、それとも「憲法制定権力≠憲法改正権」と解するのか。前者なら改正無限界説へとつながり、後者なら限界説へとつながる。

答案構成

1　設問①について
　(1)　**憲法改正**の意義（制定や変遷との違い）
　(2)　憲法改正の手続（硬性憲法の指摘）
2　設問②について
　憲法改正の限界の存否
　　憲法改正行為の性質（**憲法制定権力**との違い）
　　　憲法制定権力と憲法改正権は同じ
　　　　↓とすれば

> 制定憲法の枠に拘束なく、憲法改正に限界なし
> 　　↓しかし
> 憲法制定権力と憲法改正権とは区別されるべき
> 　　↓よって
> 憲法改正権の限界あり

Point

小問演習1は、憲法の改正と類似する概念との違いから、憲法の改正の概念を正確にとらえるようにしよう。小問演習2は択一式試験の対策としても正確に押さえておく必要がある。小問演習3についてはこの機会に確認しておくとよい。

小問演習に挑戦！

1　憲法の改正、憲法の制定、憲法の変遷のそれぞれについて合計120字程度で説明せよ。

2　［　　］には適切な語句を、【　　】には適切な数字を入れよ。
　　第96条第1項「この憲法の改正は、［　①　］議院の［　②　］議員の【　③　】分の【　④　】以上の賛成で、国会が、これを［　⑤　］し、国民に提案してその承認を経なければならない。この承認には、特別の国民投票又は国会の定める選挙の際行はれる投票において、その［　⑥　］の賛成を必要とする。」

3　憲法改正限界説に立った場合、憲法上のいかなる制度や規定が改正できないことになるのか。

小問演習解答

1　憲法の改正とは、成文憲法の内容について、憲法所定の手続に従って、**意識的変更**を加えることである。憲法の制定とは、最初から**新しい憲法を作る**ことである。憲法の変遷とは、憲法の明文に形式的変更をしないままに、その規範の**意味に変更**が生ずることである。

2　①—各　②—総　③—3　④—2　⑤—発議　⑥—過半数
3　国民主権・基本的人権の尊重・平和主義の憲法の三大原理、憲法改正規定など。

●憲法改正手続

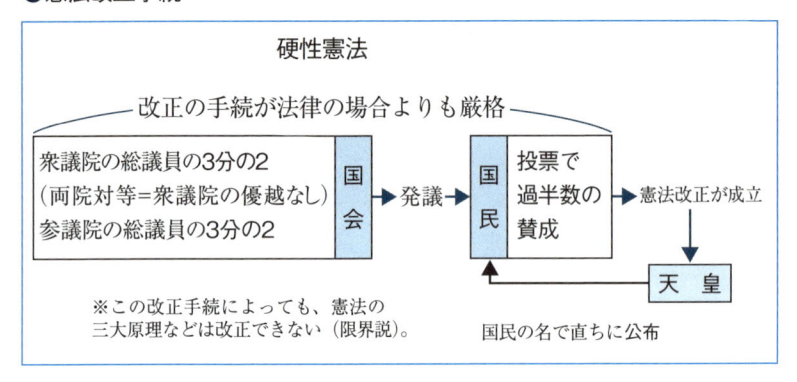

硬性憲法

改正の手続が法律の場合よりも厳格

衆議院の総議員の3分の2
（両院対等＝衆議院の優越なし）
参議院の総議員の3分の2
→ 国会 → 発議 → 国民 → 投票で過半数の賛成 → 憲法改正が成立 → 天皇

※この改正手続によっても、憲法の三大原理などは改正できない（限界説）。

国民の名で直ちに公布

第45問　答案例

1　設問①について
(1)　憲法改正の意義
　憲法の改正とは、成文憲法の内容について、憲法所定の手続に従って、意識的変更を加えることをいう*1。改正される対象は、成文憲法であるから、最初から新しい憲法を作る憲法制定や、明文の条項の形式的変更をしないままにその規範の意味に変更が生ずる憲法の変遷とは異なる。

(2)　憲法改正の手続
　憲法の改正は、憲法96条により、(a)各議院の総議員の３分の２以上の賛成で国会がこれを発議し、(b)国民投票における過半数の賛成で国民が承認することが必要である。*2 このように憲法の改正は、両議院の可決によって成立する法律の改正よりも、厳格な手続を必要とすることから、日本国憲法は硬性憲法であるといえる。*3
　なお、国民投票に関する手続を定めた法律が2007年に制定された。

2　設問②について
　憲法改正に何らかの限界があるか否かについては、憲法改正行為の性質、すなわち、憲法を始原的に創設する憲法制定権力と、憲法によって与えられた憲法改正権との関係が問題となる。*4
　この点、憲法制定権力と憲法改正権は同質であり、制定された憲法の枠には拘束されないとする立場がある。そしてこの立場は、法は社会の変化に応じて変化すべきであり、憲法もその例外ではないとして、憲法改正には限界がないとする。
　しかし、憲法は主権者である国民の憲法制定権力によって制定された法であり、96条で憲法改正の最終決定権を国民投票に委ねて、憲法制定権力を制度化していると解される。とすれば、憲法改正権は憲法制定権力から生み出されたものであるから、改正権が自己の存立基盤とも言うべき制憲権の所在である国民主権を変更することは理論的に許されないと解される。そうであるならば、憲法制定権力と憲法改正権とは区別されるべきであり、憲法制定権力の主体やその主体が定めた基本原理は、憲法改正権の限界を画することになる。*5
　よって、憲法改正には限界があり、国民主権、基本的人権の尊重、平和主義の諸原理、憲法改正などの規定の改正は、法的には許されないと解する。

以上

---

*1　定義は正確に押さえよう。

*2　この部分は択一式でも頻出の条文知識であるから正確に記述する必要がある。

*3　硬性憲法であることにも触れる。硬性憲法であることで高度の安定性が与えられるため、最高法規である憲法の保障に役立っているのである。

*4　憲法改正行為の性質と限界は関連づけて論証しよう。

*5　この部分の論証は難解であるので十分な理解が必要である。

判例索引

最大判昭27・10・8	警察予備隊違憲訴訟	136、156
最大判昭28・12・23	農地改革事件	68
最大判昭34・12・16	砂川事件	148
最大判昭35・6・8	苫米地事件	148
最大判昭37・5・30	条例による罰則	80
最大判昭37・11・28	第三者所有物没収事件	76
最大判昭38・5・15	加持祈祷事件	36
最大判昭38・5・22	東大ポポロ事件	44
最大判昭38・6・26	奈良県ため池条例事件	68
最大判昭42・5・24	朝日訴訟	96
最大判昭43・11・27	河川附近地制限令事件	68
最大決昭44・11・26	博多駅テレビフィルム提出命令事件	52
最大判昭44・12・24	京都府学連事件	20
最大判昭45・6・24	八幡製鉄事件	4
最大判昭47・11・22	川崎民商事件	84
最大判昭48・4・4	尊属殺重罰規定事件	28
最大判昭48・4・25	全農林警職法事件	12
最大判昭48・12・12	三菱樹脂事件	16
最判昭49・7・19	昭和女子大事件	44
最大判昭49・11・6	猿払事件	12、108
最大判昭50・4・30	薬局距離制限事件	64
最大判昭50・9・10	徳島市公安条例事件	48、80、172
最大判昭51・5・21	旭川学力テスト事件	44、100
最判昭52・3・15	富山大学事件	144
最大判昭52・7・13	津地鎮祭事件	40
最大判昭53・10・4	マクリーン事件	4
最判昭56・3・24	日産自動車事件	16
最判昭56・4・7	板まんだら事件	144
最判昭56・4・14	前科照会事件	20
最大判昭57・7・7	堀木訴訟	96

最大判昭59・12・12	税関検査事件	56
最大判昭61・6・11	北方ジャーナル事件	56
最大判平元・3・8	レペタ法廷メモ採取事件	164
最大判平4・7・1	成田新法事件	76
最判平7・2・28	定住外国人の地方選挙権	8
最判平7・3・7	泉佐野市民会館事件	48、60
最大判平17・1・26	外国人職員昇任試験拒否訴訟	8
最大判平17・9・14	在外邦人選挙権制限違憲事件	92
最大判平20・6・4	生後認知児童国籍確認事件	32
最大判平22・1・20	砂川政教分離訴訟	40
最大判平23・3・23	衆議院議員定数不均衡事件	88

執筆者紹介

九条　正臣（くじょう　まさおみ）
1963年、長野県生まれ。国家Ⅰ種（現、国家総合職）法律職に上位合格後、大学・受験指導校などで公務員試験の法律系科目を講義。著書に、『法律5科目まるごとエッセンス』（実務教育出版）ほか多数。資格試験研究会スタッフとして「新スーパー過去問ゼミ」シリーズの執筆にも携わっている。

幸田　功（こうだ　いさお）
1967年、新潟県生まれ。京都大学法学部卒、京都大学大学院法学研究科修士課程修了。甲南大学法学部課外講座講師。多くの大学にて公務員試験対策講座を担当する一方で、資格試験研究会スタッフとして「受験ジャーナル」（実務教育出版）等の法律科目分野に関する各種記事の執筆や公務員試験対策テキストの執筆にも携わっている。

公務員試験　専門記述式　憲法　答案完成ゼミ

2012年5月5日　初版第1刷発行　　　　　　　〈検印省略〉
2017年10月5日　初版第4刷発行

編　者　資格試験研究会
発行者　小山隆之

発行所　株式会社　実務教育出版
　　　　〒163-8671　東京都新宿区新宿1-1-12
　　　　☎編集03-3355-1812　販売03-3355-1951
　　　　振替　00160-0-78270

組　版　明昌堂
印　刷　精興社
製　本　東京美術紙工

©JITSUMUKYOIKU-SHUPPAN 2012
ISBN 978-4-7889-7755-6 C0030　Printed in Japan
著作権法上での例外を除き、本書の全部または一部を無断で複写、複製、転載することを禁じます。
落丁・乱丁本は本社にてお取り替えいたします。

試験別に過去問チェック

近年の過去問の中から500題（大卒警察官は350題）を精選。実力試しや試験別の出題傾向、レベル、出題範囲を知るために最適の「過去問＆解説」集です。最新の出題例も収録しています。

★公務員試験 「合格の500」シリーズ [年度版] ●資格試験研究会編

国家総合職 教養試験過去問500	**地方上級** 教養試験過去問500
国家総合職 専門試験過去問500	**地方上級** 専門試験過去問500
国家一般職[大卒] 教養試験過去問500	**東京都・特別区**[Ⅰ類] 教養・専門試験過去問500
国家一般職[大卒] 専門試験過去問500	**市役所上・中級** 教養・専門試験過去問500
国家専門職[大卒] 教養・専門試験過去問500	**大卒警察官** 教養試験過去問350

速攻の直前対策

『公務員試験 速攻の時事』は白書や統計、政府の施策など公務員試験独特の時事問題にポイントを絞って解説する基本書、『実戦トレーニング編』はその知識定着を図るための問題演習書です。

公務員試験 **速攻の時事**[年度版] 資格試験研究会編	公務員試験 **速攻の時事** 実戦トレーニング編[年度版] 資格試験研究会編

『速攻の英語』は公務員試験の英語を短期間で攻略するための対策本です。『速攻の自然科学』には苦手科目にする受験生の多い自然科学分野を短期間で得点源にするための秘策が満載です。

公務員試験 **速攻の英語**[年度版] 資格試験研究会編	公務員試験 **速攻の自然科学**[年度版] 資格試験研究会編

『速攻の「政策論」』は論文や面接などの新しい傾向に対応した対策本です。『漢字力7日間トレーニング』は警察官採用試験で重視されている「漢字」にスポットを当てた短期攻略問題集です。

公務員試験 **速攻の「政策論」**[年度版] 高瀬淳一編著	警察官採用試験 **漢字力7日間トレーニング** 資格試験研究会編●定価：本体850円＋税

論文・専門記述式対策

合格レベルの論文を書くためにどんな知識を身につけておくべきか、その知識を生かしてどうまとめればいいか、実際の出題例をもとに詳しく解説しています。
『専門記述式試験 答案完成ゼミ』シリーズは、頻出テーマの問題を解きながら答案作成のノウハウを学べます。

公務員試験 **現職採点官が教える！合格論文術**[年度版] 春日文生著	**大卒警察官 合格論文はこう書く！** 資格試験研究会編●定価1300円＋税
地方上級／国家一般職[大卒]／市役所上・中級 **論文試験 頻出テーマのまとめ方**[年度版] 吉岡友治著	公務員試験 **専門記述式 憲法 答案完成ゼミ** 資格試験研究会編●定価：本体1800円＋税
公務員試験 **専門記述式 民法・行政法 答案完成ゼミ** 資格試験研究会編●定価：本体1800円＋税	

面接対策

近年、面接重視・人物重視の流れが強まってきています。早いうちから対策を練って面接官や人事に「コイツと一緒に働きたい！」と思わせるよう戦略的にアピールしないと、内定はもらえません。

公務員試験 **現職人事が書いた「面接試験・官庁訪問」の本**[年度版] 大賀英徳著	公務員試験 **現職採点官が教える！合格面接術**[年度版] 春日文生著
公務員試験 **現職人事が書いた「自己PR・志望動機・提出書類」の本**[年度版] 大賀英徳著	大卒程度公務員 **面接対策ハンドブック**[年度版] 資格試験研究会編
公務員試験 **現職人事が答える 公務員試験で受験生が気になること**[年度版] 大賀英徳編著	

年度版の書籍については、当社ホームページで価格をご確認ください。http://www.jitsumu.co.jp/

公務員試験に出る専門科目について、初学者でもわかりやすく解説した基本書の各シリーズ。「はじめて学ぶシリーズ」は、豊富な図解で、難解な専門科目もすっきりマスターできます。「基礎からステップシリーズ」は、基本知識→例題→過去問のステップで問題解答力を養います。

専門科目の基本書

はじめて学ぶ 政治学
加藤秀治郎著 ●定価：本体1068円＋税

はじめて学ぶ 国際関係［改訂版］
髙瀬淳一著 ●定価：本体1200円＋税

はじめて学ぶ やさしい憲法
長尾一紘著 ●定価：本体1200円＋税

はじめて学ぶ やさしい民法［改訂版］
長尾治助著 ●定価：本体1100円＋税

はじめて学ぶ プロゼミ行政法［改訂版］
石川敏行著 ●定価：本体1300円＋税

はじめて学ぶ ミクロ経済学［第2版］
幸村千佳良著 ●定価：本体1300円＋税

はじめて学ぶ マクロ経済学［第2版］
幸村千佳良著 ●定価：本体1400円＋税

経済学ベーシックゼミナール
西村和雄・八木尚志共著 ●定価：本体2800円＋税

基礎からステップ 行政法［改訂第2版］
岡田春男著 ●定価：本体1600円＋税

基礎からステップ 民法［改訂版］
原田 剛著 ●定価：本体1600円＋税

基礎からステップ 経済学
八木尚志著 ●定価：本体1600円＋税

公務員試験 ここから始める 法律6科目入門
吉田利宏・太田雅幸共著 ●定価：本体1600円＋税

重要ポイントだけでなく、どこがどの試験に出題されたかまで把握できる最先端のテキストです。

試験に出る民法1［総則・物権総論］
原田 剛著 ●定価：本体2200円＋税

試験に出る民法2［債権・担保物権・家族］
原田 剛著 ●定価：本体2200円＋税

初学者が挫折しがちなところを徹底的にフォロー！やさしい解説と過去問演習で実力を養成します。

最初でつまずかない経済学［ミクロ編］
村尾英俊著 ●定価：本体1800円＋税

最初でつまずかない経済学［マクロ編］
村尾英俊著 ●定価：本体1800円＋税

要点整理＋理解度チェック

一般知識分野の出題傾向を徹底分析しよく出るテーマを厳選した要点整理集のシリーズです。覚えるべき項目は、付録の「暗記用赤シート」で隠すことができるので、効率よく学習できます。

★上・中級公務員試験「新・光速マスター」シリーズ　資格試験研究会編 ●定価：本体1200円＋税

新・光速マスター 社会科学
［政治／経済／社会］

新・光速マスター 人文科学
［日本史／世界史／地理／思想／文学・芸術］

新・光速マスター 自然科学
［数学／物理／化学／生物／地学］

要点整理集

一般知識分野、専門分野の過去問から重要テーマ・頻出項目をピックアップし、出題のポイントをわかりやすくまとめた要点整理集です。基礎固めだけでなく、短期間で実戦力もアップできます。

一般知識 まるごとチェック！［改訂版］
資格試験研究会編 ●定価：本体1200円＋税

一般知識 まるごとクエスチョン［改訂版］
資格試験研究会編 ●定価：本体1200円＋税

行政5科目まるごとパスワードneo
髙瀬淳一著 ●定価：本体1300円＋税

行政5科目まるごとインストールneo
髙瀬淳一著 ●定価：本体1300円＋税

法律6科目まるごとエッセンス［改訂第2版］
九条正臣著 ●定価：本体1300円＋税

図解で学ぶ 政治学
加藤秀治郎著 ●定価：本体1800円＋税

公務員試験 速攻！まるごと経済学
資格試験研究会編 ●定価：本体1300円＋税

正誤判断の力を鍛える

選択肢ごとに問題を分解し、テーマ別にまとめた過去問演習書です。1テーマ見開き2ページ完結で読みやすく、選択肢問題の「引っかけ方」が一目でわかります。「暗記用赤シート」付き。

★公務員試験「過去問ノック」シリーズ　資格試験研究会編 ●定価：本体1200円＋税

1択1答 憲法 過去問ノック

1択1答 行政法 過去問ノック

1択1答 民法 過去問ノック